Michael Graf

Genußradeln im Allgäu

Steiger-Radführer

Michael Graf

Genußradeln im Allgäu

67 Farbabbildungen,
30 Tourenkarten
und eine Übersichtskarte

STEIGER VERLAG

Der Autor:

Michael Graf lebt in Augsburg. Das Allgäu ist damit seine zweite Heimat, in der er schon seit vielen Jahren immer wieder Radtouren unternimmt. Als Insider gibt er allen in diesem Band die besten Tips weiter und stellt Routen vor, die kaum bekannt und damit besonders reizvoll sind.

Die Deutsche Bibliothek - CIP-Einheitsaufnahme

Graf, Michael:
Genussradeln im Allgäu / Michael Graf. - Augsburg : Steiger, 1997
   (Steiger-Radführer)
   ISBN 3-89652-052-0

Alle Informationen und Hinweise ohne jede Gewähr und Haftung.

Es ist nicht gestattet, Abbildungen dieses Buchs zu scannen, in PCs oder auf CDs zu speichern. Ebenso unzulässig ist die Veränderung oder Manipulation in PCs/Computern, es sei denn mit schriftlicher Genehmigung des Verlags.

Gedruckt auf chlorfrei gebleichtem Papier.

Steiger Verlag
© 1997 Weltbild Verlag GmbH, Augsburg
Alle Rechte vorbehalten
Konzeption: Dr. Petra Altmann
Kartenskizzen: Ingenieurbüro für Kartographie Heidi Schmalfuß, München
Layoutentwurf: VerlagsService Dr. Helmut Neuberger & Karl Schaumann, Heimstetten
Satz und Reproduktion: Typework Layoutsatz & Grafik GmbH, Augsburg
Druck und Bindung: Druckerei Appl, Wemding

Einbandvorderseite: Speiden (Mauritius, Mittenwald / Foto: Albinger);
Einbandrückseite: Rottachspeicher bei Petersthal (Mauritius, Mittenwald / Foto: Kabes).
S. 1: Vor Hindelang (Foto: Stefan Hölzler)
S. 2/3: Blick auf den Forggensee (Foto: Margrit Fiederer)

Weitere Fotos im Innenteil: Stefan Hölzler: S. 8, 11, 12, 14, 17, 36, 37, 39, 41, 43, 44, 45, 46, 48, 49, 53, 54, 56, 57, 63, 64, 66, 67, 69, 70, 71, 72, 77, 90, 91, 93, 94, 97, 98; Margrit Fiederer: S. 20, 26, 30, 80, 81, 87, 88, 101.
Alle anderen Abbildungen stammen von Michael Graf.

Printed in Germany
ISBN 3-89652-052-0

Inhalt

🚲 = für Kinder besonders geeignete Touren

Übersichtskarte 6

Einleitung 8
Was ist das Allgäu überhaupt? 8
Naturräumliche Gliederung 9
Geschichte und Besiedelung 9
Kultur und Kunst 13
Bräuche und Traditionen 13
Das Allgäu – eine interessante
Museenlandschaft 14
Geruhsames Genußradeln im Allgäu 15
Tourenkombinationen 15
Radwegebeschilderung 15
Der Allgäu-Schwaben-Takt 16
Wann ist die beste Jahreszeit
für Genußradler? 16

Unterallgäu
🚲 **1** Zum Schwäbischen Bauernhofmuseum
in Illerbeuren 18
2 Von Memmingen zum Benediktinerkloster
Ottobeuren und weiter nach Kempten . . 21
3 Zur malerischen Ausflugsgaststätte
Katzbruimühle 24
🚲 **4** Kultur und Kur:
Dorfkunst und Sebastian Kneipp 27
5 Zum Schwäbischen Bildungszentrum
Irsee 32

Westallgäu
6 Zwischen zwei stolzen Städten –
von Isny nach Wangen 35
🚲 **7** Hinab zum Schwäbischen Meer 38
8 Von der Hutstadt Lindenberg am mächtigen Pfänderrücken hinab zum Bodensee 42
9 Rund um Lindau:
Bodensee und Hinterland 45
10 An kleinen Seen vorbei nach Isny 48
11 Von Leutkirch nach Bad Wurzach 51
12 Rund um das idyllische
Wurzacher Ried 55

13 Zwischen den Allgäumetropolen
durchs schwäbische Oberland 58
14 Eine romantische Schlössertour
nach Wangen 61
15 Vom schönen Rothachtal ins Argental . . . 65
16 Hinauf ins Voralpenland nach
Oberstaufen 68
17 Entlang der alten Salzroute nach
Immenstadt 71

Oberallgäu
18 Von Oberstdorf hinauf ins Stillachtal 73
19 Von Oberstdorf nach Immenstadt 77
20 An Einödhöfen entlang des Illertals 80
21 Von Kempten nach Altusried 83
22 Zur Wallfahrtskirche Maria Steinbach 87
23 Entlang der ehemaligen Bahnstrecke
nach Isny 90
24 Von Immenstadt nach Sonthofen und
Hindelang 93
🚲 **25** Rund um den idyllischen Grüntensee 96

Ostallgäu
26 Auf der Dampflokroute von
Marktoberdorf nach Füssen 100
🚲 **27** Rund um den Forggensee 104
28 Märchenhafte Königsschlösser und
idyllische Seen 109
29 Zur Rokokokirche in Seeg 114
30 Zu den Ruinen von Hohen-Freyberg
und Eisenberg 118

Informationen für Radwanderer **122**
Anreise 122
Fahrradverleihbahnhöfe 122
Feste und Brauchtum 122
Radfernwege und Wegbeschilderung 123
Unterkunft 123
Wichtige Adressen 124
Karten 125
Literatur 126
Ortsregister **127**

Übersichtskarte

Einleitung

Was ist das Allgäu überhaupt?

Das Allgäu abzugrenzen, fällt wahrlich schwer. Bereits im 9. Jahrhundert gab es nördlich der Alpen einen »Alpgau«, der nur ein kleines Gebiet in der Gegend von Oberstdorf, Sonthofen und Fischen umfaßte. Aus diesem Alpgau entwickelte sich die Region Allgäu, zu der im Mittelalter sogar Ravensburg und Überlingen gerechnet wurden.

Auch im 19. Jahrhundert war die Ausdehnung des Allgäus wesentlich größer als heute: Damals sah man als Grenzen des Allgäus das Hochgebirge im Süden, die Schussen im Westen, die Donau im Norden und den Lech im Osten an.

Als Begrenzungen blieben bis zur heutigen Zeit der Lech und das Hochgebirge. Im Norden verläuft die Grenze ungefähr entlang der B 18 über Memmingen – Mindelheim – Buchloe und ragt nur teilweise darüber hinaus in das Gebiet von Krumbach. Die westliche Linie ist nicht genau zu definieren, denn das Allgäu erstreckt sich nicht nur auf Bayern. So gehört Isny bereits zu Baden-Württemberg, kann aber zum Allgäu gezählt werden. In diesem Radwanderführer ist auch Lindau noch miteinbezogen, da sich reizvolle Touren vom Allgäu hinab zum Bodensee ergeben, so von Wangen und Leutkirch aus.

Heute wird das Allgäu in Bayern in die vier Regionen *Unterallgäu* (Memmingen, Mindelheim) im Norden, *Oberallgäu* (Oberstdorf, Sonthofen) im Süden, *Westallgäu* bis zum Bodensee (Lindau, Wangen, Isny, Kißlegg) und *Ostallgäu* (zwi-

Auf der Radstrecke entlang des Alpsees erlebt man Radlergenuß pur. Die gemächliche Route bietet eine herrliche Aussicht.

Einleitung

schen Kempten und Füssen) eingeteilt. Die Streckengliederung richtet sich weitgehend nach dieser Aufteilung.

Naturräumliche Gliederung

Das Allgäu gliedert sich nach den Naturgegebenheiten in drei Gebiete: Im nördlichen Teil liegt die **Iller-Lech-Schotterplatte**, die bis zur Donau reicht. Südlich schließt sich das hügeligere **Iller-Lech-Moränengebiet** an, und ganz im Süden erheben sich die **Allgäuer Alpen**. Daraus ergeben sich vielfältige, sehr unterschiedliche Landschaften. Drei Flüsse durchziehen das Gebiet: der *Lech*, der bei Füssen zum Forggensee aufgestaut wird, die *Wertach*, die im gleichnamigen Ort entspringt, und die *Iller*. Vor allem Iller und Lech wurden durch Staustufen gezähmt. Malerisch ist der Illerdurchbruch bei Altusried: Hier hat sich die Iller tief in das Gestein gegraben.

In Bayern wird das Allgäu – wie gesagt – politisch in vier Landkreise unterteilt: Das **Unterallgäu** erstreckt sich in großen Teilen recht flach durch die weiten Täler und wird von den langgestreckten, von Nord nach Süd ausgerichteten Hügeln der Iller-Lech-Platte durchzogen, wie man gut auf jeder Karte erkennen kann. Das **Ostallgäu** prägen die Terrassenfelder der Iller-Lech-Platte, die Moränenlandschaft um Marktoberdorf und die vielfältige Seenlandschaft um Füssen, die teilweise von Menschenhand geschaffen wurde. Im südlichen **Oberallgäu** beggegnen uns die Berge der Allgäuer Alpen und die idyllischen Täler um Oberstdorf, wie etwa das Stillachtal. Die Gegend um Kempten ist eine ausgeprägte Hügellandschaft. Das **Westallgäu** wird durch eine kleinräumige und hügelige Landschaft geprägt, mit Resten von Mooren, einem Relikt der Eiszeit. Hier sind auch sogenannte Drumlins zu finden, so zum Beispiel beim Degermoos. Drumlins sind vom Eis abgeschliffene Hügel, die an der Nordseite steil und nach Süden sanft abfallen, ein an Wale erinnernder optischer Eindruck.

Geschichte und Besiedelung

Von der jungsteinzeitlichen Besiedelung wurden im Allgäu nur wenige Spuren entdeckt, so am Bannwald- und am Forggensee und in den großen Flußtälern der Wertach, des Lechs und der Iller. Ab 500 v. Chr. besiedelten die **Kelten** das Gebiet – so ist beispielsweise Kempten keltischen Ursprungs. Um 15 v. Chr. kamen die **Römer** über die Alpen, besetzten das Gebiet und verdrängten oder assimilierten die Kelten. Die Provinz Raetien erstreckte sich nördlich des Alpenkamms erst bis zur Donau und später bis zum Limes. Im Allgäu sind noch viele römische Spuren erhalten geblieben, die im Archäologischen Park in Kempten besichtigt werden können. Große, strategisch wichtige Fernstraßen wie die Via Claudia, die Augsburg über Füssen und den Fernpaß mit Italien verband, führten durch das Allgäu. Bedeutsamer als die Römer sind jedoch die **Alemannen**, die um 260 über den Limes gelangten und die Römer zurückdrängten. Zahlreiche Reihengräber deuten auf die Besiedlung der Alemannen hin. Auch die heute im Allgäu gesprochene Sprache wurde von ihnen geprägt. Bis in unsere Zeit ist der Lech als ehemalige Stammesgrenze auch die Trennlinie zwischen dem bayerischen und dem schwäbischen Dialekt.

Einleitung

Auf die Alemannen folgten die fränkischen **Merowinger** (ab 600) und danach die **Karolinger** (ab 800). In dieser Zeit begann die **Christianisierung** des Allgäus, die von den Klöstern Reichenau und St. Gallen ausging. Der Apostel des Allgäus, der heilige Magnus, missionierte in Füssen und Kempten. Zahlreiche Kirchen sind nach ihm benannt. Unter den **Staufern**, die ab 1079 Herzöge von Schwaben waren, wurde das Gebiet das Zentrum des Kaiserreichs. Viele Stadtgründungen und Burgenbauten sind den Stauferkaisern zu verdanken, den Städten wurden wichtige Privilegien zuteil. Nach dem Zerfall der Reichseinheit 1268 bildeten sich im Interregnum viele unterschiedliche Herrschaftgebiete heraus. Zahlreiche Städte wurden reichsfrei. Das größte einheitliche Herrschaftsgebiet war der Besitz des **Hochstifts Augsburg**, der von der Schwäbischen Alb bis zur Tiroler Grenze reichte. Das **Kloster Ottobeuren** besaß ebenfalls einen ausgedehnten Grundbesitz.

Im Westen formierte sich das Herrschaftsgebiet derer **von Waldburg,** die seit 1526 zu Reichserbtruchsessen erhoben worden waren. Ihre Schlösser und Burgen sind auch heute noch kulturelle Sehenswürdigkeiten im Westallgäu, vor allem Schloß Zeil, die Stammburg der Linie Waldburg-Zeil. In dieser Zeit wurden zahlreiche hochgotische und spätgotische Kunstwerke geschaffen. Eine Fülle schöner Altäre ist in den einzelnen Kirchen und Kapellen erhalten geblieben. Der berühmteste ist der »Hindelanger Altar« (1515–19) von Jörg Lederer.

Eine politische Besonderheit stellten im Mittelalter die »Freien von Eglofs« und die »Freien von Leutkirch« dar, Bauern, die keine Leibeigenen, also keinem Gutsherren untertänig, waren. Die freien Bauern von Eglofs besaßen bereits unter den Staufern eine eigene Gerichtsbarkeit und das Eglofser Bürgerrecht. Die Freien von Leutkirch sind seit dem 14. Jahrhundert bezeugt.

Eine Zäsur bildete der **Bauernkrieg** von 1525. In Memmingen wurden von aufständischen Bauern die berühmten »**12 Artikel**« verfaßt, die die ideologische Grundlage für den Bauernkrieg bildeten und seinen Ausbruch zur Folge hatten. Bei Wurzach kam es zur entscheidenden Schlacht zwischen den verschiedenen Allgäuer Haufen und dem Heer des Schwäbischen Bundes. Unter dessen Anführer, Truchseß Georg III. von Waldburg, wurden 4000 aufständische Bauern vernichtend geschlagen. Seitdem trägt der Truchseß auch den Beinamen »**Bauernjörg**«.

Der **Dreißigjährige Krieg** (1618–48) brachte auch im Allgäu schwere Zerstörungen, u. a. für die Burgen von Hohen-Freyberg und Eisenberg sowie für die Stadt Kempten. Damit einher ging eine Pestepidemie, von der noch heute zahlreiche Pestkapellen zeugen.

Das 18. Jahrhundert war durch eine rege Bautätigkeit gekennzeichnet, eine Fülle von neuen Barockbauten entstand, und viele Kirchen wurden barockisiert. Durch die **Säkularisierung** Ende des 18. Jahrhunderts wurden die Klöster aufgelöst und dabei auch der wertvolle Buchbestand der alten Klosterbibliotheken zerstreut oder zerstört; so verwendete man oft die Bücher zur Pappdeckelherstellung. Dem neugegründeten **Königreich Bayern** wurden 1806 nicht nur die geistlichen Besitzungen zugeschlagen, sondern auch das ehemals österreichische Westallgäu, die ebenfalls österreichische Grafschaft Königsegg-Rothenfels und die alte Reichsstadt Lindau. Vorarlberg wurde 1814 an Österreich zurückgegeben.

Einleitung

Über dem geruhsamen Marienplatz in Immenstadt erhebt sich die mächtige Zwiebelkuppel der Pfarrkirche St. Nikolaus.

Einleitung

Sonnige Tage verlocken zum Radeln und Promenieren am »Schwäbischen Meer«, hier am Aeschacher Ufer in der Nähe von Lindau.

Das **grüne Allgäu**, wie es sich uns heute präsentiert, ist eine Schöpfung des 19. Jahrhunderts. Bis dahin war der beherrschende Wirtschaftszweig der Flachs- und Hanfanbau, aus dem Leinen gewonnen wurde. Man kann auch vom »**blauen Allgäu**« sprechen, da die Flachsblüte die Felder blau färbte. Kaum eine Stube gab es in den Allgäuer Höfen, in der in den langen Wintern nicht gewebt wurde. Außerdem wurde eine damals übliche Dreifelderwirtschaft betrieben, die der Selbstversorgung diente. Über die Ravensburger Handelsgesellschaft, die auch im Ausland Kontore besaß, wurde das Leinen in ganz Europa vertrieben. Den Niedergang brachte die billigere Baumwolle aus Amerika und Indien, die ab Ende des 18. Jahrhunderts durch die Erfindung der Dampfmaschine industriell gewebt werden konnte. Die aufwendige Handweberei der Allgäuer Bauern konnte damit nicht konkurrieren.
1827 brachte ein Lindenberger Fuhrunternehmer einen Schweizer Sennen aus dem Emmental mit, der aus der Allgäuer Milch nach Schweizer Vorbild den Emmentaler, genauer den **Allgäuer Emmentaler**, schuf. Dieser wurde ein großer Erfolg. Aus den Niederlanden wurden die Brüder Großjean abgeworben, die Weichkäse nach Limburger Art herstellten. Heute werden im Allgäu mehr als hundert verschiedene Käsesorten produziert, worunter der Emmentaler und der würzige **Bergkäse** am bekanntesten sind. 1921 gründete man in Kempten zur besseren Vermarktung der Milcherzeugnisse der Region die Allgäuer Butter- und Käsebörse, die 1950 in Süddeutsche Butter- und Käsebörse umbenannt wurde.
Mit dem Aufschwung der Milchwirtschaft erfolgte ab 1850 die Umwandlung von immer mehr Äckern in Wiesen – das Allgäu wurde dadurch grün. Schon seit dem 16. Jahrhundert wurde in der gesamten Region eine Landaufteilung in Form von Einödhöfen betrieben, die im 18. Jh. ihren Höhepunkt erreichte. Durch diese Einödhöfe mit den umgebenden Äckern und

Einleitung

Wiesen versprach man sich eine Arbeitsersparnis dank kürzerer Wege. Gleichzeitig entzog man sich auch dem Flurzwang und den Weidedienstbarkeiten. Nirgendwo sonst sind so viele Einödhöfe anzutreffen wie im Allgäu; sie prägen deutlich das Landschaftsbild. In der Romantik begann ein auch heute noch – neben der Milchwirtschaft – wichtiger Wirtschaftszweig zu erblühen: der Tourismus. So gibt es bereits von 1784 und 1803 Reisebeschreibungen über das Allgäu. Der Alpinismus in den Bergen begann erst 1830.

Kultur und Kunst

Gerade den Genußradlern bieten sich im Allgäu eine Fülle kultureller Schätze: vor allem die vielen Kirchen und Kapellen, die es zu entdecken gilt.
Zeugnisse der Romanik findet man im Allgäu wenige, eher schon aus der Gotik; so sind viele hoch- und spätgotische Altäre sowie einige spätgotische Fresken erhalten, wie zum Beispiel in Memmingen. Prägend für das Allgäu ist jedoch der Baustil des Barock und des anschließenden Rokoko, beginnend mit der Klosterkirche St. Lorenz in Kempten, dem ersten großen Kirchenbau in Süddeutschland nach dem Dreißigjährigen Krieg. Berühmte Baumeister und Stukkateure wirkten an einer Vielzahl von Kirchen und Klöstern: die Vorarlberger Baumeister Beer und Thumb, die Gebrüder Zimmermann und die Familie Schmuzer aus Wessobrunn. Herausragende Glanzpunkte sind die Kirche mit der berühmten Fischerkanzel in Irsee (bereits Rokoko), das Kloster Ottobeuren und die Kartause von Buxheim, an denen die Brüder Zimmermann arbeiteten.
Vor allem im 17. und 18. Jahrhundert erfreuten sich die **Wallfahrten** im Zuge der Rekatholisierung eines wachsenden Zuspruchs. Kein Wunder, daß im Allgäu auch zahlreiche Wallfahrtskirchen zu finden sind: Maria Schnee und Maria Steinbach bei Memmingen, Maria Trost bei Nesselwang und die Kirche in Speiden. Vor allem der Maria-Schnee-Kult war im Allgäu sehr beliebt.

Bräuche und Traditionen

Verschiedene, teilweise auf archaische, vorchristliche Bräuche zurückgehende Traditionen haben sich noch im Allgäu erhalten. Hierzu gehören die **Fastnacht**, die in diesem Gebiet »alemannisch« gefeiert wird und an den Brauch der Winteraustreibung anknüpft. Traditionell sind in verschiedenen Gebieten auch die **Funkenfeuer**, die am Sonntag Invocavit entzündet werden. Bereits römische Geschichtsschreiber erwähnten diese Gepflogenheit. Dieses Fest findet in fast allen Gemeinden statt, so zum Beispiel in Hindelang, Altusried, Grönenbach, Schwangau oder Kempten. Mit den Funkenfeuern sollten die Naturgeister aufgerufen werden, aus ihrem Winterschlaf zurückzukehren und den Frühling einzuläuten. Bis in das 18. Jahrhundert wurden in Ellhofen bei Weiler zur Beschwörung der Naturgeister noch drei Katzen in das Feuer geworfen!
Ein weitere volkstümliche Eigenart ist die Verbundenheit zwischen christlichem Glauben und der Pferdeverehrung. Dies äußert sich in den **Heilig-Blut-Festen** oder -Ritten, die zu Ehren der Blutreliquie stattfinden, wahrscheinlich aber auf eine keltische Blutverehrung zurückgehen und sich im Allgäu teilweise noch erhalten haben. Auch die Pferdesegnung zu Georgi, der berühmte **Georgiritt**, wird in vielen

Einleitung

Der historische »Gasthof Adler« in Ellhofen ist ein Zeuge der Geschichte des Allgäus, traf sich hier doch vormals der mächtige Deutschritterorden.

Gemeinden durchgeführt. Der weithin bekannteste Georgiritt findet auf dem Auerberg bei Stötten, dem klassischen Aussichtsberg auf das Allgäu und die Allgäuer Alpen, statt. Der Auerberg war in keltischer Zeit ein heiliger Berg.

Im südlichen Allgäu sind Anfang September die **Alpabtriebe** ein besonderes, auch sehr malerisches Schauspiel. Die Kühe, die den Sommer auf den Alpen verbringen, werden vor Wintereinbruch in die Täler zurückgeführt. Dazu werden die Tiere mit Blumenkränzen und teils mit Spiegeln – gegen den bösen Blick – geschmückt und unter großer Anteilnahme der Bevölkerung und natürlich auch der Touristen die Hänge hinabbegleitet. Im Tal erfolgt dann der Viehscheid: Die Kühe müssen auf die einzelnen Besitzer und Höfe verteilt werden. Beim Jungscheid

werden die während der Almzeit geborenen Kälber aufgeteilt.

Das Allgäu – eine interessante Museenlandschaft

Kaum irgendwo sonst findet man eine solche Vielzahl von Museen wie im Allgäu. Neben den obligatorischen Heimatmuseen, die sich in beinahe jedem Ort besuchen lassen, gibt es auch kuriose Sammlungen oder Bestände. Hier seien nur das Turmuhrenmuseum in Mindelheim, die alten Mausefallen im Heimatmuseum in Marktoberdorf, das Besenmuseum in Kißlegg oder die Glasmalereien im Heimatmuseum von Kaufbeuren erwähnt. »Große Kunst« bieten dem Besucher die Sammlungen im Hohen Schloß

Einleitung

in Füssen oder die spätgotischen Bilder im Klostermuseum von Ottobeuren. Erwähnt werden müssen an dieser Stelle noch zwei herausragende Freilichtmuseen: das Schwäbische Bauernhofmuseum (mit einem sehenswerten Schwäbischen Schützenmuseum) in Illerbeuren bei Memmingen und das Bauernhausmuseum von Wolfegg im westlichen Allgäu.

Geruhsames Genußradeln im Allgäu

Das Allgäu kann man aus vollem Herzen als ideales Radlergebiet bezeichnen – gerade auch für Genußradler. Neben vielen Sehenswürdigkeiten, wie alten Reichstädten, Wallfahrtskirchen oder Klöstern, erfreuen uns auch immer wieder die vielfältige, kleinräumige Landschaft und ein wahrhaft einmaliges Alpenpanorama. Trotz der meist kurzen Fahrzeiten sollte man für jede einzelne Tour einen ganzen Tag einplanen, denn auf dem Weg gibt es immer viel zu sehen. Auch locken eine Vielzahl von Badeseen im Hochsommer zu einer willkommenen Abkühlung. Oder man entdeckt einen lauschigen Biergarten, möchte noch eine Kapelle besichtigen oder kann sich am Alpenpanorama nicht sattsehen – alles Gründe, in aller Ruhe das Allgäu zu entdecken und vor allem zu genießen.

Tourenkombinationen

Die Touren wurden sorgfältig so gewählt, daß die meisten miteinander kombinierbar sind und jeder sich auch längere Strecken oder Mehrtagestouren zusammenstellen kann. So kann man etwa mit der Tourenkombination 19, 20 und 22 die Iller von Oberstdorf bis nach Memmingen entlangradeln. Oder wir fahren mit den Touren 23, 6 und 7 von Kempten über Insy und Wangen bis nach Lindau zum Bodensee hinab. Rundtouren um sehenswerte Städte führen die Genußradler in die nähere Umgebung von Memmingen (Tour 1), Mindelheim (Tour 3) oder Kempten (Tour 21). Die meisten Touren können auch in der umgekehrten Richtung als der beschriebenen befahren werden, da die Beschilderung im Allgäu sehr gut ist. Die Touren im Westallgäu sind meist kürzer, da es dort etwas hügeliger ist.

Für **Familien mit Kindern** sind folgende Touren zu empfehlen: Tour 1 rund um Memmingen (die man auch abkürzen kann), Tour 4 rund um Mindelheim, Tour 7 von Wangen nach Lindau, Tour 25 rund um den idyllischen Grüntensee und Tour 27 um den Forggensee. Die Touren sind im Inhaltsverzeichnis und am Kapitelanfang mit dem Kindersymbol gekennzeichnet.

Radwegebeschilderung

Im Gebiet des Allgäus verlaufen mehrere große Radwege:
- der Radweg »*Romantische Straße*«, der von Füssen über Augsburg bis nach Würzburg führt,
- die *Dampflokroute*, von Marktoberdorf über Lechbruck nach Füssen und zurück nach Kaufbeuren,
- der *Forggensee-Radweg* – rund um den Forggensee,
- der *Allgäu-Radweg*, der von Kempten über Isny nach Wangen und Lindau verläuft,
- die *Salzroute*, entlang der alten Salzstraße von Immenstadt über Ober-

15

Einleitung

staufen und Scheidegg bis nach Lindau,
- der *Radwanderweg Donau-Bodensee*, der ausgehend von Ulm bis nach Lindau führt.

Beinahe jede Gemeinde, die über ein Tourismusamt verfügt, gibt ein Faltblatt mit Tourenvorschlägen oder eine Karte für Radfahrer heraus, die zur zusätzlichen Planung herangezogen werden können. Diese regionalen Initiativen führen leider auch dazu, daß manchmal eine etwas verwirrende Beschilderung an einzelnen Abzweigepunkten herrscht. Generell aber sind die Wege für Radler bis auf wenige Ausnahmen durchgängig gut beschildert.

Der Allgäu-Schwaben-Takt

Für Genußradler bietet sich an fast allen Ausgangs- und Endpunkten die Möglichkeit, mit der Bahn an- oder abzureisen. Seit der Einführung des vernetzten Allgäu-Schwaben-Takts und des Bayern-Takts hat man eine beinahe optimale Erreichbarkeit der Ausgangs- und Zielpunkte und – mit dem Wochenendticket für 35,– DM – auch eine billige Möglichkeit, per Bahn anzureisen. Die Züge fahren stündlich, jeweils zur gleichen Minute. Überdies kann man fast überall im Allgäu das Fahrrad kostenlos mitnehmen, der Kauf einer Radtransportkarte entfällt. Erkundigen Sie sich bitte bei der Bahn, sehr hilfreich ist die DB-Broschüre »Allgäu-Schwaben-Takt« mit den genauen Fahrplänen.
Deutlich muß an dieser Stelle leider auch gesagt werden, daß sich an Wochenenden infolge des verstärkten Straßenbaus der letzten Jahrzehnte und des permanenten und teilweise penetranten Ausflugsverkehrs auf den größeren Straßen buchstäblich Stoßstange an Stoßstange reiht. Dies betrifft zwar hauptsächlich die Bundesstraßen, wie die B 17 und B 16 nach Füssen, doch leider werden auch kleinere Straßen immer mehr von den motorisierten Verkehrsteilnehmern belastet, so daß Radfahrer hier ebenfalls oft wenig Ruhe finden.

Wann ist die beste Jahreszeit für den Genußradler?

Die günstigsten Witterungsbedingungen zum Radeln im Allgäu hängen sehr von dem jahreszeitlichen klimatischen Verlauf der Temperaturen ab. So kann es im nördlichen Unterallgäu schon ab März oder April ein Genuß sein, an grünen Wiesen entlangzuradeln, während dagegen im bergigeren südlichen Allgäu noch Schnee liegt oder Schnee fallen kann. Im westlichen Allgäu sind die Jahresniederschläge mit 2000 mm hoch, dementsprechend oft ist mit Regen zu rechnen. Denken Sie auch daran, daß gerade in den Bergen ein Wetterumschwung sehr rasch vor sich gehen kann – am besten nehmen Sie immer Regenbekleidung zum Radeln mit.
Der *Herbst* ist eigentlich die schönste Jahreszeit zum Radeln, denn dann bildet die Landschaft zusammen mit der Laubfärbung und der jahreszeitlich typischen klaren Fernsicht eine einzige Harmonie, und das Radfahren im Allgäu wird zu einem unbeschreiblich schönen Erlebnis. Wenn dazu noch *Föhn* herrscht, ein trockener Fallwind, der über den Alpenhauptkamm kommt und die ganze Landschaft beinahe irreal plastisch wirken läßt und den Betrachtern sehr nahe rückt, steht dem Radelgenuß nichts mehr im Wege.

Einleitung

Über diese kleine Holzbrücke gelangt man in das bezaubernde Wurzacher Ried, eines der größten Moorgebiete Europas, das unter Naturschutz steht.

Unterallgäu

1 Zum Schwäbischen Bauernhofmuseum in Illerbeuren

Memmingen – Kronburg – Illerbeuren – Buxheim – Memmingen

 Ausgangsort
Memmingen, Marktplatz.

 Zielpunkt
Memmingen, Marktplatz.

 Gesamttourenlänge
40 km, davon 32 km Asphalt, 8 km Kiesweg.

 Zeitbedarf
2,5 Stunden Fahren. 3–4 Stunden Besichtigen.

 Etappen
Memmingen – Kronburg 16 km; Kronburg – Illerbeuren 4 km; Illerbeuren – Buxheim 16 km; Buxheim – Memmingen 4 km.

 Steigungen
Geringe Steigungen bei Kronburg.

 Geländestruktur
Weitgehend ebene Tour im Illergebiet.

 Sehenswertes
Memmingen: Altstadt. *Kronburg*: Schloß. *Illerbeuren*: Schwäbisches Bauernhofmuseum, Schwäbisches Schützenmuseum. *Buxheim*: Kartausenmuseum im Kartäuserkloster, barockes Chorgestühl.

 Zu beachten
Öffnungszeiten der Kartause in Buxheim.

 Varianten
Abkürzung von Kardorf direkt nach Memmingen (s. Tour 22).

Die Umgebung von Memmingen mit den weiten Wiesenflächen, den sanft geschwungenen Hügeln und dem Illertal ist ein ideales Radlergebiet. Diese Tour führt uns zu einer Fülle von Sehenswürdigkeiten, die alle auch für sich allein einen Besuch wert sind.

Die Stadt **Memmingen** verdankt ihre Entstehung der Lage am Kreuzungspunkt zweier wichtiger Fern- und Handelsstraßen: der Salzstraße, die von Bayern in die Schweiz führte, und der Fernstraße Ulm – Fernpaß – Italien. Bereits 1286 wurde es freie Reichsstadt. Am prächtigen Marktplatz finden wir das **Steuerhaus** mit dem Laubengang, daneben das **Rathaus** (1589) und an der Ostseite die Großzunft. Bereits 1347 besaßen die Memminger Handwerker eine Zunftverfassung. Der schönste Profanbau ist der **Hermannsbau**, in dem sich heute das Städtische Museum befindet. Das berühmte **Siebendächerhaus**, ein altes Gerberhaus, das nach der Zerstörung im 2. Weltkrieg wiederaufgebaut wurde, ist das bekannteste Haus der Stadt. Memmingen präsentiert sich auch als **Stadt der Fresken**: In den Kirchen St. Martin, Unsere Frauen und in der Kinderlehrkirche sind umfangreiche spätmittelalterliche Freskenzyklen erhalten geblieben. Im Westen der Altstadt steht noch die alte **Stadtmauer** mit einigen erhaltenen Toren. Der reizvolle Stadtbach ist jedes Jahr Schauplatz eines bunten Volksfestes. Am »Fischertag« Mitte Juli wird der Stadtbach gereinigt, und die dort lebenden Forellen sind zum Fang freigegeben. Fischerkönig wird, wer den größten Fisch gefangen hat. Vom *Marktplatz* in Memmingen radeln wir bis zum Städtischen Museum und dann geradeaus weiter in die *Zangmeisterstraße*, die sich außerhalb der Stadtmauer in der *Buxacher Straße* fortsetzt. Diese fahren wir geradewegs entlang, bis wir nach Überqueren der A 7 auf die *Talstraße* treffen und nach links abbiegen. In dem kleinen Tal der Buxach geht es weiter, bis man auf die vielbefahrene *Bodenseestraße* stößt und gegenüber im *Haldenweg* weiterfährt. Am Ende des

🚴 Zum Schwäbischen Bauernhofmuseum in Illerbeuren **1**

Haldenwegs geht es rechts und nach etwa 300 m links in Richtung *Dickenreishausen*. Dort folgt man geradeaus der Beschilderung *Boringer Wälder*. Nachdem wir durch den Wald geradelt sind, wenden wir uns an der Kreuzung nach rechts – vor uns sehen wir schon Schloß Kronburg thronen. Bei den Bauernhöfen von *Enzers* biegen wir nach dem letzten Haus rechts in einen Kiesweg, stoßen kurz danach auf eine Teerstraße und fahren rechts direkt auf die Kronburg zu und um den Schloßberg herum. Es lohnt sich, im Ort die wenigen Meter zum **Schloß Kronburg** hochzuschieben, denn dabei hat man einen wunderbaren Panoramablick auf das Illertal. Das mächtige Schloß, das sich noch in Privatbesitz befindet, ist eine vierflügelige Renaissance-Anlage mit runden Ecktürmen und einem malerischen Schloßhof. In **Kronburg** halten wir uns in Richtung Illerbeuren; es geht bei der Kirche links in die *Illerbeurer Straße* und mit 10 % Gefälle hinab durch den Wald bis zur Iller. An dieser fahren wir entlang bis nach **Illerbeuren**.

Schon von weitem sieht man Schloß Kronburg über der flachen Umgebung thronen.

Dort befindet sich das **Schwäbische Bauernhofmuseum**. Das älteste Freilandmuseum in Bayern zeigt ländliche Nutz- und Wohngebäude aus Illerbeuren und Umgebung. Die Museumsanlage präsentiert sich als »Dorf im Dorf«, fügt sich jedoch gut in das Dorfbild von Illerbeuren ein, das selbst noch viele alte Bauernhäuser besitzt. Die sorgfältig eingerichteten Innenräume dokumentieren ausführlich die bäuerliche Lebensweise bis in unser Jahrhundert. Sehenswert ist auch die Kapelle mit 50 schmiedeeisernen Grabkreuzen und das **Schwäbische Schützenmuseum** mit über 6000 Exponaten. Im Museumsgasthaus Gromerhof, der eine schöne alte Wirtsstube besitzt, bekommt man typisch schwäbische Gerichte.
Vom Bauernhausmuseum radeln wir weiter bis zur Querstraße, dann rechts und gleich wieder links der Beschilderung *Kardorf* nach. In Kardorf fahren wir vor der

1 Zum Schwäbischen Bauernhofmuseum in Illerbeuren

Im Schwäbischen Bauernhofmuseum in Illerbeuren stehen prächtige Bauernhöfe aus der Umgebung.

schön gelegenen Kirche links hinab. Auf einem abgeschiedenen Weg radeln wir durch den Wald bis nach *Ferthofen*. Hier biegen wir erst links und gleich danach rechts ab. Nachdem wir die Autobahn unterquert haben, wenden wir uns links in einen Kiesweg. Dieser teils zugewachsene Weg führt idyllisch am Illerufer entlang, bis wir nach 7 km **Buxheim** auf der rechten Seite sehen und darauf zuhalten.
Die **Kartause Buxheim** wurde 1402 von Kartäusermönchen aus Christgarten bei Nördlingen gegründet. Die Mönche des Kartäuserordens verbringen ihr Leben abgeschieden in Meditation und Gebeten. Jeder Mönch besiedelt ein eigenes, kleines Häuschen – die Eremitenzelle – mit einem Garten. Die Zellen sind an den großen Kreuzgang angebaut. Mit 22 Eremitenzellen und dem 300m langen Kreuzgang ist Buxheim die größte Kartause Deutschlands. Den Höhepunkt der Besichtigung bildet jedoch das frühbarocke Chorgestühl, eine meisterliche Arbeit der Schnitzkunst von Ignaz Waibl (1684–1690). Unter großem Aufwand konnte das Chorgestühl 1980 von England zurückerworben werden, wohin es nach der Säkularisierung verkauft worden war. Nach jahrelanger und aufwendiger Restaurierung erscheint es wieder in aller Pracht.
In **Buxheim** fahren wir Richtung Memmingen und folgen nach rechts der Beschilderung *Lindau/Buxach*. Wir unterqueren die A 96 und radeln danach links hoch (Ww. Memmingen). Über die *Buxacher Straße* gelangen wir bis zu der Stadtmauer von **Memmingen**. Nun sind es nur noch wenige Meter bis zum malerischen *Marktplatz*.

Radverleih
Buxheim: Camping am See International, Tel. (0 83 31) 71 00.

Übernachtungen unterwegs
Buxheim: Zum Löwen; Campingplatz.

Einkehrmöglichkeiten
Illerbeuren: Gromerhof (historische Gaststube, Biergarten, schwäbische Spezialitäten). *Kronburg*: Brauerei und Gasthof Zur Krone (gutes selbstgebrautes Bier, gutes Essen, schöne Gaststube). *Buxheim*: Gasthaus Zum Löwen.

Öffnungszeiten
Memmingen: Städtisches Museum, Di–Fr, So 10–12 u. 14–16 Uhr. *Kronburg*: Schloß für Gruppen von 10–35 Personen, Mai–Okt. nach tel. Voranmeldung (0 83 94) 271. *Illerbeuren*: Bauernmuseum, Di–So 9–18 Uhr. *Buxheim*: Kartausenmuseum Mo–Fr 10–12 u. 14–16 Uhr, Sa, So u. Fei 14–16 Uhr.

Auskunft
D-87700 Memmingen: Städtisches Verkehrsamt, Ulmer Straße 9, Tel. (0 83 31) 85 01 72.

Kombinationen
Von Memmingen mit Tour 2 zum Kloster Ottobeuren.

Landkarten
ADFC-Radtourenkarte 1:150 000, Bodensee/Schwäbische Alb.

2 Von Memmingen zum Benediktinerkloster Ottobeuren und weiter nach Kempten

Memmingen – Ottobeuren – Haldenwang – Kempten

 Ausgangsort
Memmingen, Bahnhof.

 Zielpunkt
Kempten, Rathausplatz.

 Gesamttourenlänge
43 km, davon 40 Asphalt, 3 km Kiesweg.

 Zeitbedarf
3 Stunden Fahren, 3 Stunden Besichtigen.

 Etappen
Memmingen – Ottobeuren 16 km; Ottobeuren – Böhen 9 km; Böhen – Haldenwang 8 km; Haldenwang – Kempten 10 km.

 Steigungen
260 Höhenmeter hinauf bis vor Probstried.

 Geländestruktur
Ziemlich hügelig entlang der Illerhochterrasse mit weiten Blicken auf das Illertal.

 Sehenswertes
Ottobeuren: größte Klosteranlage Deutschlands. *Kempten*: Residenz, St. Lorenz, Orangerie.

 Zu beachten
Kaum Einkehrmöglichkeiten zwischen Ottobeuren und Haldenwang. Der Hauptbahnhof Kempten liegt etwa 2 km von der Altstadt entfernt im Süden und ist nicht leicht zu finden.

 Varianten
Ausflug von Hawangen nach Kloster Wald (3 km). Von Ottobeuren auf dem Radweg zurück nach Memmingen. Von Haldenwang auf dem Radweg nach Börwang und weiter nach Kempten (s. Tour 24).

Über kleinere Dörfer und Einödhöfe verläuft diese Tour über hügeliges Gelände ins breite Illertal hinab und wechselt dabei vom Unterallgäu ins Oberallgäu. Die größte Klosteranlage Deutschlands mit einer der berühmtesten Rokokokirchen, Ottobeuren, liegt auf unserem Weg nach Kempten.

Wir starten in **Memmingen** und radeln vom *Bahnhof* die Bahnhofstraße nach Süden. Danach geht es durch die Unterführung und bei der Polizei rechts. Über einen kleinen Weg nach links (Ww. Ottobeuren) gelangen wir durch das Landschaftsschutzgebiet **Benninger Ried**, an dessen Ende die malerische **Riedkapelle** in der Wiese liegt.

In *Benningen* biegen wir an der Kirche links und gleich wieder rechts in die *Hawanger Straße* ein. Wir fahren nach *Hawangen* hinein, wenden uns dort rechts (Ww. Kloster Wald) und folgen dann der Beschilderung *Ottobeuren*. Vor Ottobeuren geht es auf einem Radweg hinab, und über eine Brücke gelangen wir auf die andere Straßenseite. Jetzt müssen wir geradewegs aufwärts radeln, bis wir direkt an der Klosterkirche herauskommen.

Das **Benediktinerkloster Ottobeuren** wurde bereits 764 gegründet, wahrscheinlich von Mönchen aus St. Gallen und Reichenau. Als Reichsstift war das Kloster nur dem Kaiser untertan. Das heutige Kloster wurde unter Abt Rupert II. Neß von Wangen ab 1711 erbaut. Die Ausmaße der Klosteranlage sind riesig: 142 mal 128 Meter. Die doppeltürmige **Klosterkirche** St. Alexander und St. Theodor ist im Inneren ein lichter, nicht überladen wirkender Bau des Rokoko mit guten Stuckaturen. Der Raumeindruck ist für die Besucher gewaltig. Sehenswert sind vor allem das Chorgestühl und das romanische Kruzifix. Die Klosterbauten (Treppenhaus, Kaisersaal) sind ebenfalls ganz im Stil des Rokoko gehalten.

Oberhalb des Klosters folgen wir der

2

Beschilderung *Wolfertschwenden*. Es geht aufwärts durch den Wald, danach wieder hinab und am Waldende links Richtung *Haitzen*. Wir radeln durch die Höfe von Haitzen und auf der Querstraße nach rechts. Die nächsten Kilometer herrscht leider etwas mehr Autoverkehr, nachdem wir jedoch links in Richtung Böhen abgebogen sind, wird es wieder ruhiger. In *Böhen* halten wir uns vor der Kirche rechts

Die Benediktinerabtei Ottobeuren ist auch heute noch die mächtigste Klosteranlage Deutschlands.

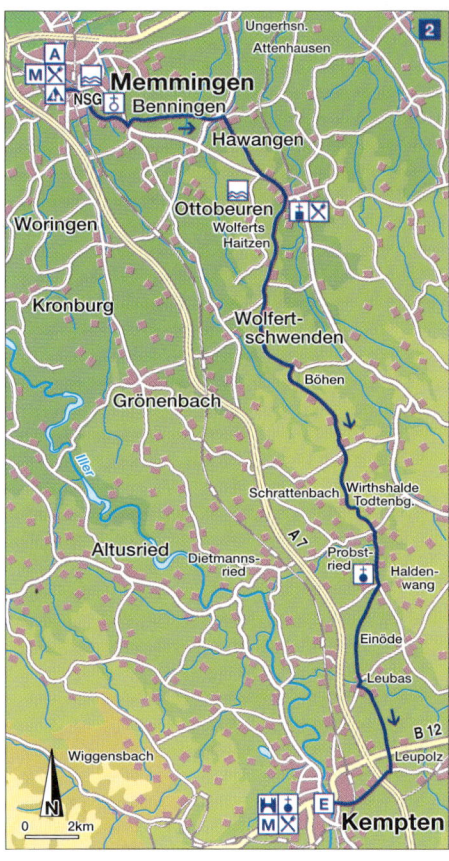

in die *Marliner Straße*. Leicht hügelig geht es durch *Unter-* und *Obermarlins*, bis man in *Osterwald* auf eine Querstraße trifft. Hier fahren wir rechts und nach dem Hof auf der linken Seite links hoch (Ww. Wirtshalde). Auf einem Schotterweg geht es hoch durch den Wald, danach folgt eine schöne Abfahrt. In *Wirtshalde* haben wir einen weiten Ausblick auf die Berge. Anschließend rollen wir bis zur querlaufenden Straße hinab und radeln geradeaus nach Haldenwang. Hier befinden wir uns schon am Rand des Illertals, vor uns erstrecken sich die Alpen. In **Haldenwang** befinden sich in der Kir-

Von Memmingen zum Kloster Ottobeuren und nach Kempten 2

Das Innere der Rokokokirche von Ottobeuren ist ein Meisterwerk der Architektur und Stukkateurskunst.

che **St. Alexander und Theodor** spätbarocke Altäre und eine Anna selbdritt (um 1440). Wir biegen nach der SB-Tankstelle rechts ab in die *Ottisrieder Straße* (Ww. Ottisried). Wir rollen auf einem kleinen Weg hinab in das weite Illertal, durchqueren die Weiler *Ottisried*, *Foggen* und *Einöde* und treffen auf eine Querstraße. Dort fahren wir rechts auf einem Radweg bis *Leubas*. Hier biegen wir am Ortsende beim Schützenheim links ab in die

Schmied-von-Leubas-Gasse in Richtung Leupholz über Leupratzried. Nun geht es kräftig hoch bis zu den Gehöften von Schatten; man überquert die Autobahn und rollt hinab nach *Leupholz*. Am Ende von Leupholz radeln wir nach rechts auf den Radweg. Immer bergab rollend, gelangen wir so bis zum Illerufer, halten uns rechts und fahren über die Illerbrücke bis zum wiederaufgebauten **Illertor**. Hier biegen wir rechts ein und erreichen das **Rathaus** von **Kempten**.

Radverleih
Buxheim: Camping am See International, Tel. 71 00. *Kempten*: Radsport Socher, Lindauer Straße 54, Tel. (08 31) 2 93 88.

Übernachtungen unterwegs
Ottobeuren: Hotel Hirsch, Marktplatz, Tel. (08 31) 79 90 (gehoben); Gästehaus Post Tel. 79 90 (mittel).

Einkehrmöglichkeiten
Ottobeuren: Hotel Hirsch; Klosterbräustüble.

Öffnungszeiten
Ottobeuren: Klostermuseum u. Staatsgalerie in der Benediktinerabtei 10–12 u. 14–17 Uhr. *Kempten*: Residenz (Fürstensaal, Prunkräume), Führungen Mai–Dez Di–So 10, 11, 14, 17 Uhr, Okt–Mai Sa 14 Uhr, Tel. (08 31) 25 63 21.

Auskunft
D-87700 Memmingen: Städtisches Verkehrsamt, Ulmer Straße 9, Tel. (0 83 31) 85 01 72. D-87724 Ottobeuren: Kurverwaltung, Marktplatz 14, Tel. (0 83 32) 92 19 50, Mo–So 9–12 u. 14–17 Uhr, Fr 9–12 u. 14–16 Uhr, Mai–Sept auch Sa 10–12 Uhr. D-87435 Kempten: Amt für Tourismus, Rathausplatz 24, (08 31) 25 25-2 37.

Kombinationen
Mit Tour 21 Rundtour von Kempten über Altusried; mit Tour 22 entlang des Illerwegs zurück nach Memmingen.

Landkarten
ADFC-Radtourenkarte 1 : 150 000, Bodensee/Schwäbische Alb.

3 Zur malerischen Ausflugsgaststätte Katzbruimühle

Mindelheim – Apfeltrach – Dirlewang – Katzbruimühle – Eutenhausen – Mussenhausen – Mindelheim

Ausgangsort
Mindelheim, Maximilianstraße.

Zielpunkt
Mindelheim, Maximilianstraße.

Gesamttourenlänge
35 km, davon 30 km Asphalt, 5 km Kiesweg.

Zeitbedarf
2,5 Stunden Fahren, 1 Stunde Besichtigen.

Etappen
Mindelheim – Dirlewang 6 km; Dirlewang – Katzbruimühle 15 km; Katzbruimühle – Eutenhausen 2 km; Eutenhausen – Mussenhausen 2 km; Mussenhausen – Mindelheim 10km.

Steigungen
Mehrere kurze Anstiege hinter Dirlewang.

Geländestruktur
Aus der Mindelebene hoch in die langgestreckten Moränen.

Sehenswertes
Mindelheim: Jesuitenkirche, Gruftkapelle, Unteres und Oberes Tor, Maximilianstraße, Mindelburg. *Katzbruimühle*: Mühlenmuseum. *Eutenhausen*: Rokokokirche; *Mussenhausen*: Rokokokirche.

Zu beachten
Auf der Lichtung im Wald hinter Dirlewang links hinab.

Varianten
Abkürzung von Dirlewang über Köngetried zur Katzbruimühle.

Die kleinräumige Landschaft um Mindelheim besitzt einen ländlichen Charme. Abseits der Touristenströme kann man hier in Ruhe ein Stück Unterallgäu entdecken. Dabei überraschen auch in kleinen Orten reich ausgestatte Kirchen des Rokoko, wie in Eutenhausen und Mussenhausen.

Die Frundsbergstadt **Mindelheim** kann auf eine wechselvolle Geschichte blicken. Auf eine alemannische Siedlung zurückgehend, wurde Mindelheim bereits 1256 zur Stadt erhoben. In den folgenden Jahrhunderten gehörte die Stadt verschiedenen Herrschern, so denen von Teck, Rechberg und Frundsberg. Von 1705 – 15 war die Stadt sogar ein Lehen des Herzogs von Marlborough. Der bekannteste Sohn der Stadt ist Georg von Frundsberg, ein berühmter Landsknechtführer, der in der Mindelburg geboren wurde. In der kleinräumigen Altstadt sind von der ehemaligen Stadtbefestigung noch das Untere, das Obere und das Einlaßtor erhalten geblieben. Am interessantesten ist die **Gruftkapelle** neben St. Stephan, die in der *Unterkapelle* eine eindrucksvolle Ausstattung barocker Volksfrömmigkeit birgt. Die **Jesuitenkirche**, die mit dem Unteren Tor ein Ensemble bildet, sollte man sich auf keinen Fall entgehen lassen. Das Innere ist von einer feinen barocken Eleganz, mit einer hervorragenden Stukkatur. Eine weiterer sehenswerter Bau ist die **Liebfrauenkapelle**, westlich des Unteren Tores. Die Austattung an Plastiken ist überaus reichlich.

Die **Mindelburg** thront hoch über dem Mindeltal im Westen und ist schon von weitem zu sehen. Die Ursprünge gehen auf das 12. Jh. zurück, jedoch wurde die Burg unter den Frundsbergs im 15. und 16. Jh. umgestaltet und noch einmal im Zuge des Historismus Ende des 19. Jh. So ist die heutige Erscheinung der Burg ein Konglomerat verschiedener Baustile. Die schöne Aussicht und eine bekannte Burgschenke belohnen den Aufstieg.

Wir fahren durchs Untere Tor hindurch und dann gleich links in die *Georgen-*

Zur malerischen Ausflugsgaststätte Katzbruimühle 3

straße. Nach ca. 100 m führt diese rechts weiter. Unterhalb der Mindelburg, wo man die beste Aufstiegsmöglichkeit hat, geht es anschließend über die Mindel und gleich danach rechts (Ww. Dirlewang). Wir radeln unter der Bahnlinie hindurch und treffen bei **Gernbach** auf eine Querstraße. Hier geht es nach rechts über die Mindel und danach gleich links. Bis *Dirlewang* halten wir uns immer geradeaus entlang der kleinen Mindel und kommen so am Ortsrand von **Apfeltrach** vorbei. Im Ort steht die Wallfahrtskirche *St. Leonhardt*; ihr Chor stammt noch aus dem 14. Jh., das Langhaus um 1400. Die gotischen Fresken im Chor zeigen u. a. Szenen aus dem Marienleben, die Passion Christi

Die Katzbruimühle, ein beliebtes Ausflugsziel, liegt versteckt in der Nähe von Mindelheim.

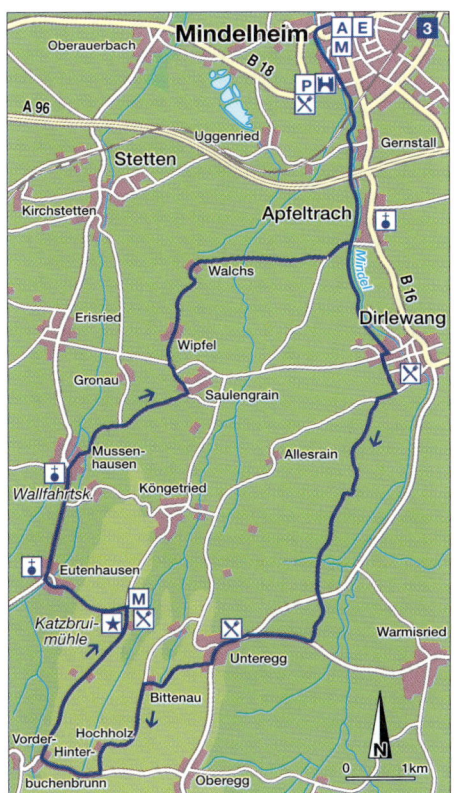

und die Himmelfahrt. Früher scheint die Kirche komplett ausgemalt gewesen zu sein. Die heutige Ausstattung stammt aus dem Barock.

In Dirlewang fährt man zur Querstraße, wenige Meter nach rechts und dann links hoch in den *Schießstattweg*. Wir folgen der kurzen Steigung, um dann wieder eben bis zur folgenden Querstraße weiterzuradeln. Hier halten wir uns nach rechts und gleich danach links (Ww. Unteregg). Auf diesem kleinen Sträßchen fahren wir ruhig und gemächlich entlang; ohne uns an dem Kiesweg zu stören, der noch vor dem Wald die Teerstraße ablöst. Wir radeln durch den Wald und halten uns auf einer hochgelegenen Lichtung nach links hinab. Aus dem Wald heraus, erreicht man eine Querstraße, fährt gegenüber weiter bis zur nächsten Querstraße und biegt dann rechts zum hoch gelegenen Ort **Unteregg** ab.

Kurz vor Ortsende biegen wir rechts ab nach *Bittenau* und dort links. Auf dem Höhenrücken radeln wir mit schönen Ausblicken nach Süden und stoßen auf eine Straße. Hier wenden wir uns nach rechts, rollen hinab und radeln hinauf bis nach *Buchenbrunn*. An der Kapelle fährt man

25

3 Zur malerischen Ausflugsgaststätte Katzbruimühle

Das neugotische Rathaus mit einer Plastik des berühmten Landsknechtführers Frundsberg bestimmt den Marienplatz in Mindelheim.

geradeaus etwa 2 km bis zur **Katzbruimühle**. Diese liegt 200 m abseits der Straße und bietet mit stimmungsvollem Biergarten und alter Wirtsstube eine beliebte Einkehrmöglichkeit. Die Mühle von 1582 beherbergt heute ein kleines **Mühlenmuseum**. Es ist die einzige erhaltene Getreidemühle altdeutscher Art in Bayern.
Von der Katzbruimühle schieben wir wieder hoch zur Teerstraße und setzen dort unseren Weg fort. Kurz danach geht es links ab nach **Eutenhausen**. Die schöne Dorfkirche mit einheitlich lichter Rokokoausstattung aus der Mitte des 18. Jh. liegt idyllisch auf dem grünen Dorfanger. Vor der Kirche biegen wir rechts ab nach **Mussenhausen**. Am Ortsanfang steht die **Wallfahrtskirche Maria vom Berge Karmel** (1742–72). Die sehenswerte Rokokokirche besitzt neben den Fresken von Johann Baptist Enderle und dem Wessobrunner Stuck ein prächtiges Chorgestühl und die aufwendig geschnitzen, plastischen Kreuzwegstationen im Langschiff. Die bewegten, sehr persönlichen Figurengruppen erinnern an oberbayerische und italienische Krippenkunst.
Hinter der Kirche biegen wir nach ca. 200 m rechts in die *Saulengrainer Straße*. Diese führt nach weiteren 200 m nach links. Der weitere Weg bis *Saulengrain* steigt etwas an. Am Ortsanfang biegen wir nach links und orientieren uns Richtung Erisried. Außerhalb des Orts halten wir uns an die Beschilderung *Wipfel*. In dieser abgeschiedenen Gegend geht es durch den kleinen Ort Wipfel und am Waldrand entlang zu den wenigen Häusern von *Walchs*. Von hier rollen wir hinab ins Mindeltal und erreichen wieder *Apfeltrach*. Wir fahren den gleichen Weg an der Mindel wieder zurück bis nach **Mindelheim**.

Radverleih
Mindelheim: Radpavillon Steinmaier, Landsberger Straße 36, Tel. (0 82 61) 67 22.

Übernachtungen unterwegs
Mindelheim: Hotel-Gasthof Stern, Tel. (0 82 61) 18 03; Gasthof Zur Laute, Tel. 39 58. *Katzbruimühle*: Hotel mit Hochzeitssuite, Tel. (0 82 69) 5 75 (mittel).

Einkehrmöglichkeiten
Mindelheim: Drei Königinnen (beim Unteren Tor). *Dirlewang*: Gasthof Mindelstuben; *Katzbruimühle* (beliebtes Ausflugsziel; Biergarten).

Öffnungszeiten
Mindelheim: Schwäbisches Turmuhrenmuseum, Mi 14–16, Führung am jeweils letzten So im Monat 10–12 u. 14–16 Uhr; Heimatmuseum: Do 14–16 Uhr. Textilmuseum Di–So 10–12 Uhr u. 14–16 Uhr; Schwäbisches Krippenmuseum Do–So 10–12 u. 14–16 Uhr. *Katzbruimühle*: Mühlenmuseum ab 11 Uhr, wie Restaurant.

Auskunft
D-87719 Mindelheim: Verkehrsbüro Tel. 99 15-99 Mo–Fr 10–12 u. 15–17 Uhr.

Kombinationen
Mit Tour 4 östlich rund um Mindelheim. Von Unteregg weiter nach Eggenthal und damit Anschluß an Rundtour 5 von Kaufbeuren über Irsee.

Landkarten
Wanderkarte Bad Wörishofen, 1 : 75 000, Tietze Verlag, ADFC-Radtourenkarte Oberbayern/München, 1 : 150 000.

4 Kultur und Kur: Dorfkunst und Sebastian Kneipp

Mindelheim – Nassenbeuren – Mattsies – Türkheim – Bad Wörishofen – Mindelheim

 Ausgangsort
Mindelheim, Maximilianstraße.

 Zielpunkt
Mindelheim, Maximilianstraße.

 Gesamttourenlänge
40 km, davon 38 km Asphalt, 2 km Kiesweg.

 Zeitbedarf
3 – 4 Stunden Fahren. 3 Stunden Besichtigen.

 Etappen
Mindelheim – Nassenbeuren 5 km; Nassenbeuren – Mattsies 2 km; Mattsies – Türkheim 8 km; Türkheim – Bad Wörishofen 10 km; Bad Wörishofen – Mindelheim 15 km.

 Steigungen
Geringe Steigungen hinter Nassenbeuren und Bad Wörishofen.

 Geländestruktur
Weitgehend in den breiten Gletschertälern der Mindel und des Wörthbachs.

 Sehenswertes
Mindelheim: Altstadt, Mindelburg. *Nassenbeuren*: Arma-Christi-Kreuz, Maria-Schnee-Kapelle. *Mattsies*: Schloß. *Unterrammingen*: St. Magnus (Rocaillestuck). *Türkheim*: Ludwigstor, Kirche und 2 Schlösser. *Bad Wörishofen*: Dominikanerinnenkirche, Kneippmuseum. *Untergammenried*: St. Rossa.

Zu beachten
Im Wald hinter Hartenthal links halten. Gute Radbeschilderung um Bad Wörishofen.

Varianten
Von Mattsies über Tussenhausen und Ettringen nach Türkheim (hügeliger).

Auf unserer Tour durch die westliche Umgebung Mindelheims verbindet sich Volksfrömmigkeit mit regem Kurbetrieb. Mehrere schmuckvolle, wenig bekannte Kapellen liegen an unserem Weg.
Wir fahren in **Mindelheim** durch das Obere Tor aus der Altstadt hinaus und biegen nach links in die *Krumbacher Straße*. Auf einem Radweg geht es etwa 1 km entlang, bis wir nach der AOK rechts in die *Mattsieser Straße* einschwenken. Wir folgen hinter dem Neubaugebiet der Beschilderung Nassenbeuren. In **Nassenbeuren** fahren wir an einem der schönsten **Arma-Christi-Kreuze**, das die Folterwerkzeuge Christi plastisch zeigt, vorbei. Wir biegen rechts zur Kirche ein und fahren geradeaus weiter. Ein Fußweg führt über eine *alte Lindenallee* mit beeindruckendem Baumbestand hinauf zur Kapelle **Maria im Schnee**. Die Kapelle bewahrt im Inneren ein seltenes Beispiel volkstümlicher Kunst und Frömmigkeit. Beim Eintreten fällt der Blick jedoch zuerst auf den mächtigen roten Altar mit seinen zahlreichen gedrechselten Säulen. An der Rückwand befindet sich die Empore mit bäuerlichen Bemalungen und volkstümlichen Texten. Die einzelnen Felder zeigen Vertreter der verschiedenen Stände und Szenen eines sündigen Lebenswandels. Den Schlüssel gibt es am Anfang der Lindenallee rechts beim Mesner Bodlesack.
Vor der Kirche wenden wir uns nach rechts, stoßen nach wenigen hundert Metern auf die Teerstraße und radeln dann links zum Wald hoch. An der folgenden Querstraße geht es rechts nach **Mattsies,** und auf der Hauptstraße im Ort angelangt, biegen wir rechts ab. Am Ende des Ortes halten wir uns links nach *Unterrammingen*. Wer einen Abstecher zum **Schloß Mattsies** unternehmen will, biegt nach einem Kilometer rechts ab. Das auf einem Bergrücken liegende Schloß besitzt einen fünfge-

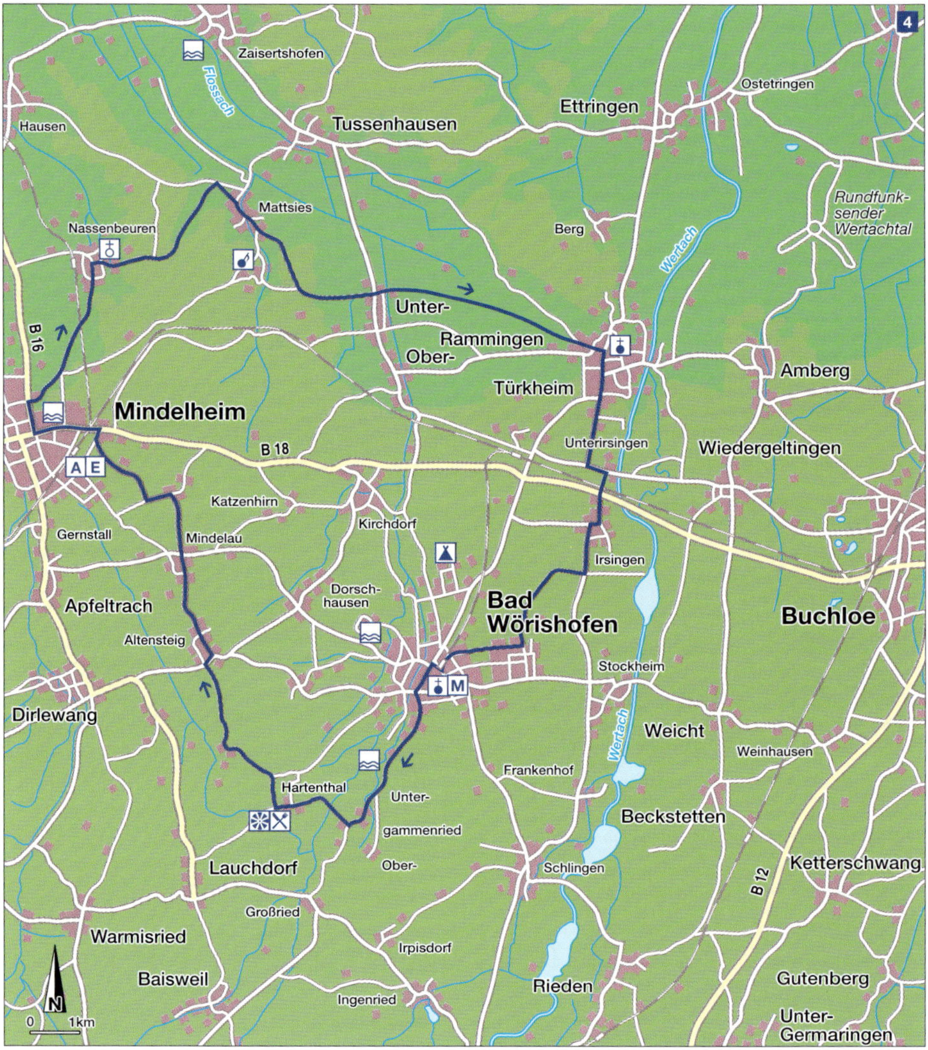

4 Kultur und Kur: Dorfkunst und Sebastian Kneipp

schossigen Wohnturm aus dem 16. Jh., der Anbau stammt aus von 1905. Wir fahren wieder zurück und erreichen **Unterrammingen**. In der schon von außen prächtigen Kirche **St. Magnus** ist im Inneren ein schöner Rocaillestuck zu bewundern, die Freskierung stammt von Joseph Baptist Enderle.

Wir fahren am nördlichen Ende der Hauptstraße nach rechts weiter (Ww. Türkheim). Auf einem Flurbereinigungsweg geht es eben bis nach **Türkheim**, dessen Ortszentrum wir bei der Kirche **Mariä Himmelfahrt** erreichen. Der Turm besitzt schöne Spitzbogen- und Kleeblattbogenfriese. Das Torhaus der Kirche ist ein Werk des

Kultur und Kur: Dorfkunst und Sebastian Kneipp 4

Weit sichtbar thront die Mindelburg, eine Anlage aus mehreren Jahrhunderten, über dem breiten Mindeltal.

Klassizismus, ebenso wie das **Ludwigstor**. Dieses wurde 1829 zu Ehren eines Besuchs König Ludwigs I. errichtet, der gnädigerweise erlaubte, daß der »artige Bogen für alle Zeiten Ludwigstor« benannt werden dürfe! Neben dem Ludwigstor befinden sich die beiden Schlösser von Türkheim: das Große Schloß, erbaut von 1531–35 und 1745 umgestaltet, und das daran angebaute Kleine Schloß (1695). In den Schlössern stiegen die bayerischen Kurfürsten zur Jagd ab.

Durch das Ludwigstor radeln wir aus dem Ortszentrum hinaus und halten uns dann geradeaus in die *Irsinger Straße*. Wir stoßen auf eine Straße, biegen nach links und kurz danach bei *Zollhaus* rechts Richtung Irsingen. In *Irsingen* wenden wir uns vor der Kirche nach rechts, anschließend links (Ww. Stockheim). Außerhalb der Ortschaft geht es bei einer einzeln stehenden Buche rechts in einen Kiesweg mit Radwegebeschilderung. Wir durchqueren ein Waldstück und halten uns nach rechts an die Beschilderung *Gartenstadt/Wörishofen*. Am Flugplatz vorbei geht es bis zur Bahnlinie und dort links in die Türkheimer Straße. Wir radeln immer geradeaus und erreichen das Ortszentrum von **Bad Wörishofen** mit der Pfarrkirche.

Bad Wörishofen ist vor allem durch **Sebastian Kneipp** bekannt, der ab 1855 im Dominikanerkloster Beichtvater war. Seine Kurmethode bestand und besteht noch heute darin, daß die Heilkraft des Wassers zur Genesung von Leiden und Gebrechen eingesetzt wird. Seit 1920 ist Wörishofen ein bekanntes Heilbad und ein Zentrum des Kurbetriebs. Kunsthistorisch ist in Bad Wörishofen vor allem die Klosterkirche

4 Kultur und Kur: Dorfkunst und Sebastian Kneipp

Eine eindrucksvolle alte Lindenallee führt zu der volkstümlichen und sehr sehenswerten Kapelle Maria im Schnee oberhalb von Nassenbeuren.

Kultur und Kur: Dorfkunst und Sebastian Kneipp **4**

Maria Königin der Engel bemerkenswert. Sie wurde im deutschen Rokoko von Johann und Baptist Zimmermann gestaltet und erfreut in zarten Pastelltönen. In der Marienkapelle steht die Muttergottes von Einsiedeln und das Prager Jesuskind; beides sind Zielpunkte von Wallfahrten. Die neben dem Kloster stehende Pfarrkirche St. Justina ist zwar ein romanischer Bau, jedoch wurden der Innenraum und die Innenausstattung durch mehrere Umbauten und Renovierung verunziert. Im westlichen Deckenfresko ist der den Kranken und Gesunden predigende Sebastian Kneipp dargestellt.

Wir radeln weiter Richtung *Gammenried* und beim »Sonnenhof« einen kleinen Weg rechts hinab. Auf der folgenden Querstraße geht es links, und wir kommen aus dem Ort hinaus. Ein kleines Wirtschaftssträßchen führt uns eben durch Wiesen, nach einer Linkskurve erreichen wir *Untergammenried* und halten uns dort rechts. Die **Kapelle St. Rasso**, die 1747 stuckiert und freskiert wurde, ist eine stimmungsvolle kleine Hochzeitskapelle, mit einem galerieartigen Ober- und Unteraltar.

Am Ende des Weilers folgen wir rechts der Beschilderung *Hartenthal*. Nach einem kurzen Waldstück geht es hoch zum Ausflugslokal Landgasthof Hartenthaler Hof. Von hier hat man einen weiten Blick auf die unter einem liegende Wertachebene und an schönen Tagen bis zur Alpenkette. Nach dem Landgasthof wenden wir uns rechts, fahren auf einem Kiesweg in den Wald und stoßen dort auf eine Teerstraße, in die wir links einbiegen. Aus dem Wald rollen wir hinab und erreichen **Altensteig**. Dort geht es an der Hauptstraße rechts und gleich wieder links (Ww. Mindelau). Im Ort *Mindelau* radeln wir am Gasthaus Traube geradeaus (Ww. Heimenegg), anschließend unter der Autobahn hindurch und nach einem Links-und-rechts-Knick ins Gewerbegebiet von Mindelheim. Über die *Allgäuer Straße* nach links und die *Wörishofer Straße* rechts gelangen wir bis zum Oberen Tor von **Mindelheim** und biegen in die Maximilianstraße ein.

Radverleih
Mindelheim: Radpavillon Steinmaier, Landsberger Straße 36, Tel. (0 82 61) 67 22. *Bad Wörishofen*: Bahnhof, Tel. (0 82 47) 48 21; Heckl, Hauptstraße 15, Tel. 72 93; Osswald, Rosenstraße 1, Tel. 68 38; Rohner, Hauptstraße 35, Tel. 24 24 (eine ausführliche Liste der Radverleiher ist im Kurhaus erhältlich).

Übernachtungen unterwegs
Mindelheim: Hotel-Gasthof Stern, Tel. (0 82 61) 18 03; Gasthof Zur Laute, Tel. 39 58. *Bad Wörishofen*: Kurhotel Brandl, Tel. (0 82 47) 3 90 90 (gehoben), Kurhotel Garni Annerose, Tel. 3 00 00 (mittel). Hartenthaler Hof, Tel. (0 82 47) 3 90 00, (mittel).

Einkehrmöglichkeiten
Türkheim: Gasthaus Zur Rose. *Bad Wörishofen*: zahlreiche Cafes und Restaurants. *Hartenthal*: Hartenthaler Hof.

Öffnungszeiten
Mindelheim: Schwäbisches Turmuhrenmuseum, Mi 14–16, Führung am jeweils letzten So im Monat 10–12 u. 14–16 Uhr; Heimatmuseum: Do 14–16 Uhr. Textilmuseum Di–So 10–12 Uhr u. 14–16 Uhr; Schwäbisches Krippenmuseum Do–So 10–12 u. 14–16 Uhr. *Türkheim*: Sieben-Schwaben-Museum im Herzogschloß z. Z. wegen Neuaufstellung geschlossen. *Bad Wörishofen*: Kneippmuseum: 15. Jan.–15. Nov., Mi., Do., Fr. 15–18 Uhr u. So. 10–12 Uhr, Tel. (0 82 47) 96 90 39; *Nassenbeuren*: Schlüssel beim Mesner holen.

Auskunft
D-87719 Mindelheim: Verkehrsbüro Tel. 99 15-99 Mo–Fr 10–12 u. 15–17 Uhr. D- 86817 Bad Wörishofen: Städtische Kurdirektion, Bürgermeister-Ledermann-Straße 1, Tel. (0 82 47) 96 90-55 u. 56.

Kombinationen
Rundtour zur Katzbruimühle (Tour 3).

Landkarten
Wanderkarte Bad Wörishofen, 1 : 75 000, Tietze Verlag. ADFC-Radtourenkarte Oberbayern/München, 1 : 150 000.

5 Zum Schwäbischen Bildungszentrum Irsee

Kaufbeuren – Irsee – Eggenthal – Friesenried – Kaufbeuren

 Ausgangsort
Kaufbeuren, Zentrum.

 Zielpunkt
Kaufbeuren, Zentrum.

 Gesamttourenlänge
35 km, davon 32 km Asphalt, 3 km Kiesweg.

 Zeitbedarf
3 Stunden Fahren, 3 Stunden Besichtigen.

 Etappen
Kaufbeuren – Irsee 8 km; Irsee – Beisweil 5 km; Beisweil – Eggenthal 5 km; Eggenthal – Friesenried 6 km; Friesenried – Kaufbeuren 11 km.

 Steigungen
Von Kleinkemnat nach Irsee 12 % Gefälle. Zwischen Irsee und Beisweil kurze und steile Anstiege mit 10 %.

 Geländestruktur
Teilweise sehr hügelig; im Tal des Wörthbachs eben.

 Sehenswertes
Kaufbeuren: St.-Blasius-Kirche. *Irsee*: Klosterkirche (Fischerkanzel), Kloster (Treppenhaus, Festsaal). *Eggenthal*: Maria-Seelen-Kapelle.

 Varianten
Abkürzung von Irsee nach Eggenthal.

Kaufbeuren, die Geburtsstadt des bekannten Heimatdichters Ludwig Ganghofer, bildet den idealen Ausgangspunkt für eine Rundtour zum berühmten Kloster Irsee. Die Stadt ist vor allem wegen der Blasiuskirche einen Besuch wert. Die Kapelle liegt direkt am Blasiusturm und der alten Stadtmauer; eigentlich ist sie sogar Teil der Stadtmauer, denn der Wehrgang führt durch die Kirche. So konnten die Verteidiger während ihrer Wachrunden in der Kapelle ein Gebet verrichten. Vier weitere noch erhaltene Stadttürme prägen das Stadtbild besonders: der runde Sywollenturm, der kantige Gerberturm, der Hexenturm und das Wahrzeichen Kaufbeurens, der Fünfknopfturm. Östlich der Wertach liegt die Nachkriegsgründung Neugablonz, ein Zentrum der Modeschmuckherstellung.

In Kaufbeuren fahren wir auf dem Radweg bis zum Gasthaus Adlerkeller und dort in die Kemnater Straße Richtung Krankenhaus hinauf. Auf dem folgenden Kreisverkehr orientieren wir uns an die Beschilderung Kleinkemnat. Nun geht es steil bergauf. Wir biegen links nach **Großkemnat** ab und durchqueren ein kleines Waldstück. Im Ort steht der **Wartturm**, der Überrest einer früheren Burg aus dem 13. Jh., von dem aus man einen schönen Rundblick genießen kann. Wir fahren danach rechts hoch und gelangen nach *Kleinkemnat*. Hier orientieren wir uns an der Beschilderung **Irsee**. Bis dorthin geht es mit bis zu 12 % Gefälle hinab (Vorsicht!).

Idyllisch liegt die barocke Maria-Seelen-Kapelle über der Ortschaft Eggenthal.

Zum Schwäbischen Bildungszentrum Irsee 5

Die große Klosteranlage von Irsee dient heute als schwäbisches Bildungszentrum. Die Klosterbrauerei braut ein vorzügliches Bier.

Die mächtige **Klosteranlage** beherbergt nach aufwendigen Restaurierungsarbeiten seit 1981 das Schwäbische Bildungszentrum Irsee, eine bedeutende Kultureinrichtung, in der zahlreiche Kurse und Tagungen stattfinden. In jüngster Zeit erhielt Irsee, eines der schönsten Dörfer Schwabens, für die gelungene Dorfsanierung mehrere Prämierungen und Auszeichnungen. Die heutige Klosteranlage wurde im wesentlichen innerhalb von 30 Jahren von 1699 bis 1729 errichtet. Die Klosterkirche ist als Wandpfeileranlage nach dem Vorarlberger Bauschema angelegt. Der bedeutende Wessobrunner Stuckbildhauer Joseph Schmuzer sorgte für die harmonische Stuckierung. Kleinod der Kirche ist jedoch die berühmte **Fischerkanzel** von 1725, die mit realistisch nachempfundenem Schiffsbug, Takelage und strahlend blauem Segel die bizzaren Kunstvorstellungen des späten Rokoko vorwegnimmt. Im Klostergebäude sind das stuckierte Treppenhaus, der Kreuzgang, der Kapitelsaal und die Bibliothek sehenswert. Noch heute braut Irsee sein eigenes Bier, worüber man sich im Brauereimuseum informieren kann und im Braugasthof bietet sich die Gelegenheit, das süffige Irseer Klosterbräu bei einer schwäbischen Brotzeit zu verkosten.

In **Irsee** fahren wir am Brauereimuseum rechts, der Beschilderung *Beisweil* nach. Am Ende von Irsee geht es erst steil hinab, dann wieder hinauf, um anschließend *Oppenried* zu durchqueren. Im Wald sausen wir mit 11 % Gefälle hinab in das breite Tal des Wörthbaches und sehen schon **Beisweil** vor uns liegen.

Im Ort biegen wir vor dem Gasthaus »Drei

5 Zum Schwäbischen Bildungszentrum Irsee

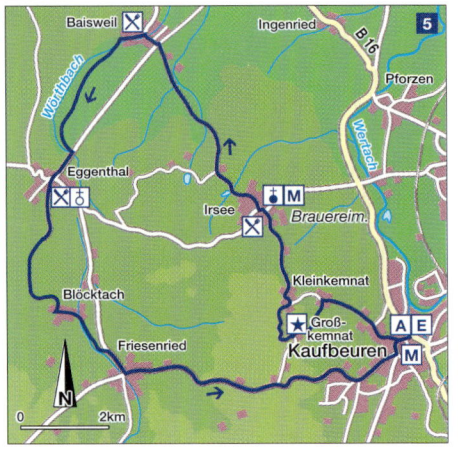

Kaufbeuren). Am Ortsende fahren wir rechts der Beschilderung *Aschthal* nach. Am weidenbestandenen Bach geht es eben bis Aschthal und an der Kapelle vorbei einen sanften Anstieg hinauf bis zur großen Querstraße, an der wir uns rechts halten. Nach einem Kilometer biegen wir links ab (Ww. Großkemnat) und fahren über die mächtige Pappellallee hinab Richtung Kaufbeuren. Wir erreichen wieder die Hauptverkehrsstraße, fahren auf dieser nach links, und rollen anschließend auf einem Radweg weiter hinab bis ins Zentrum von **Kaufbeuren**.

Rosen« links in die Straße am *Oberen Mühlbach*. Wir queren zweimal den Bach und fahren über den *Alemannenweg* an der linken Bachseite aus dem Dorf heraus. Dieser kleine Weg führt eben im Tal entlang, bis man auf die größere Straße stößt und sich dort rechts bis nach **Eggenthal** hält. Zur **Maria-Seelen-Kapelle** geht man am besten zu Fuß über die stimmungsvolle Kastanienallee mit den Kreuzwegstationen hinauf.
Anschließend fahren wir die *Römerstraße* Richtung Westen, am Waldrand entlang. Vor dem Wald gabelt sich der Weg: Wir nehmen die rechte Abzweigung. Etwas holprig geht es auf einem Kiesweg durch den Wald und kurz vor dem Waldende links. Auf der folgenden Teerstraße wenden wir uns links und gleich danach nochmal links und kommen mit einer steilen Abfahrt in Serpentinen nach **Blöckzach**. Dort halten wir uns links und nach der Kirche rechts in die *Friesenrieder Straße*. Am Bach radeln wir bis kurz vor Friesenried, bis wir auf die größere Straße stoßen und auf dieser die wenigen Meter bis **Friesenried** fahren. Auf der Vorfahrtsstraße orientieren wir uns nach links (Ww.

Radverleih
Kaufbeuren: Fahrrad Neuner, Schraderstr. 9, Tel. (0 83 41) 1 20 88.

Übernachtungen unterwegs
Kaufbeuren: Hotel Goldener Hirsch, Tel. (0 83 41) 4 30 30 (gehoben); Hotel-Restaurant Hasen, Tel. 89 41 (mittel). *Irsee*: Irseer Klosterbräu, Tel. (0 83 41) 43 22 00 (gehoben).

Einkehrmöglichkeiten
Irsee: Irseer Klosterbräu. *Beiswwil*: Landgasthof Drei Rosen. *Friesenried*: Gasthaus zur Traube (schöne Wirtsstube).

Öffnungszeiten
Kaufbeuren: Stadtmueum, Di – Sa 9 – 12 u. 14 – 17 Uhr, So u. Fei 9 – 12 Uhr; Puppentheatermuseum, Do – So 10 – 12, Do/Fr 14.30 – 17 Uhr. *Kaufbeuren-Neugablonz*: Gablonzer Archiv und Museum im Gablonzer Haus, Di – Do 15 – 17, Sa 15 – 17, So u. Fei 10 – 12 Uhr. *Irsee*: Braumuseum: 9 – 19 Uhr.

Auskunft
D-87699 Kaufbeuren: Verkehrsverein, Kaiser-Max-Straße 1, Tel. (0 83 41) 4 04 05.

Kombinationen
Mit dem Zug nach Marktoberdorf. Dort mit Tour 26 über die Dampflokroute nach Füssen und mit dem Zug wieder zurück.

Landkarten
Wanderkarte Bad Wörishofen, 1 : 75 000, Tietze Verlag.

Westallgäu

6 Zwischen zwei stolzen Städten – von Isny nach Wangen

Isny – Eisenharz – Eglofs – Syrgenstein – Wangen

 Ausgangsort
Isny, Kurverwaltung.

 Zielpunkt
Wangen, Gästeamt.

 Gesamttourenlänge
27 km, davon 19 km Asphalt, 8 km Kiesweg.

 Zeitbedarf
2,5 Std. Fahren. 2 Std. Besichtigen.

 Etappen
Isny – Eisenharz 8 km, Eisenharz – Eglofs 5 km; Eglofs – Wangen 14 km.

 Steigungen
Insgesamt geht es 150 m hinab; vor und nach Eglofs Anstiege mit bis zu 10 %iger Steigung.

 Geländestruktur
Eben durch das eindrucksvolle Harprechtser Moos, danach wie auf einem Alpenbalkon leicht abwärts.

 Sehenswertes
Isny: barocke Altstadt, von der Stadtbefestigung sind noch Blaser- u. Diebsturm sowie Wasser- u. Espantor erhalten. *Wangen*: Lindauer und Ravensburger Tor, Rathaus und Pfaffenturm, Eselsmühle.

 Zu beachten
Durch das Harprechtser Moos führt ein Wanderweg; Radfahrer sind bei rücksichtsvollem Verhalten geduldet!

Varianten
Abstecher vor Eglofs Richtung Schaulings nach Syrgenstein (Beschreibung s. Tour 15) und auf dem gleichen Weg wieder zurück (5 km gesamt).

Türme, Tore und alte Häuser prägen die Stadtbilder der beiden traditionsreichen Städte Isny und Wangen. Von der mittelalterlichen Stadtbefestigung **Isnys** blieben jedoch nach einem Großbrand 1631 nur noch das Espantor und das Wassertor erhalten. Der Blaserturm stammt aus dem 16. Jh. und diente als Feuerwachturm. Nach dem Brand wurde Isny weitgehend im barocken Stil wiederaufgebaut, sehenswert sind auch die zahlreichen barocken Bürgerhäuser. Die Kirche St. Georg und St. Jakob aus der Mitte des 17. Jh. erhielt erst 100 Jahre später ihre barocke Innenausstattung, deren Stuck und Fresken eine harmonischen Einheit bilden. Rechts vor dem Chor liegt die Marienkapelle, in der ein prächtiges Chorgestühl und eine bemalte Kassettendecke zu bewundern sind. Die benachbarte **Nikolaikirche** beherbergt im zweiten Stock der Sakristei eine *Predigerbibliothek*, einen der schönsten Räume Isnys.

In Isny radeln wir vom Gästeamt den *Unteren Grabenweg* entlang, biegen rechts ab in die *Rainstraße* und fahren am Gymnasium vorbei weiter. Am Ende der Straße halten wir uns links, es geht leicht bergab. Nachdem wir das offene Feld erreicht haben, biegen wir gleich links ab.

Wir gelangen in das *Harprechtser Moos* und folgen der Beschilderung nach Eisenharz. Auf einem Kiesweg geht es bis zur Kreuzung, an der wir rechts abbiegen. Wir radeln durch ein mit kleinen Wäldern bestandenes Gebiet immer der Beschilderung *Eisenharz* nach. Im Weiler *Buden* wenden wir uns nach rechts, überqueren die Hauptstraße, und radeln gleich wieder nach rechts weiter. Vor Eisenharz verläuft der Weg tiefer als das Moorniveau, bevor es über eine Kuppe nach **Eisenharz** geht. Beim *Landgasthof Krone* halten wir uns

6 Zwischen zwei stolzen Städten – von Isny nach Wangen

In Eglofs befindet sich ein Dorfplatz wie aus dem Bilderbuch. Die traditionelle Wirtschaft lädt zur Einkehr.

links; nun geht es bergab. Wir folgen der Beschilderung *Donau-Bodensee-Radweg* bis nach *Linzgis* und orientieren uns in Richtung Eglofs. Nun geht es bis zu 10 % hinauf – oben angelangt, können wir die Aussicht genießen. Geradeaus weiterradelnd geht es bis **Eglofs**. Etwa 100 m nach dem Ortsschild findet sich auf der rechten Seite unter Ahornbäumen eine Aussichtsplattform, auf der eine Tafel ausführlich die Bergnamen und die geologischen Gesteinsformationen erklärt und sogar Gesteinsproben von Kalk, Sandstein, Nagelfluh etc. zeigt.

Wir rollen hinab in den Ort, am Sportplatz vorbei und biegen bei der Kirche links auf den idyllischen Dorfplatz mit Kirche, Brunnen und Wirtshäusern. Hier kann man einen Blick auf Schloß Syrgenstein werfen, das auf der anderen Uferseite der Oberen Argen liegt. Die **Pfarrkirche** St. Martin (1766) ist ein Werk von Johann Georg Specht. In den Fresken ist die Darstellung des Heiligen Geistes als Jüngling bemerkenswert.

Danach fahren wir Richtung Ratzenried. Über die Weiler *Reute*, *Aschen* und *Bühl* geht es weiter und dann durch den Wald hinab nach *Gießen*. Hier biegen wir links ab und radeln im Tal der Oberen Argen

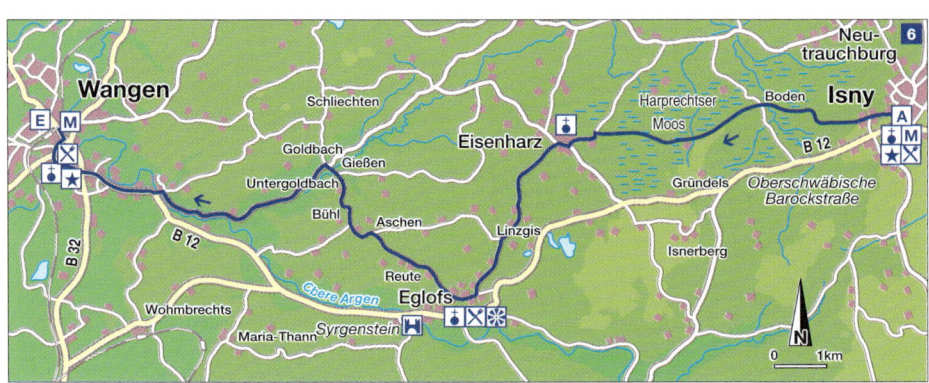

Zwischen zwei stolzen Städten – von Isny nach Wangen 6

Einsam und verwunschen beginnt die Strecke durchs Harprechtser Moos.

leicht hügelig weiter. Nach dem Ort *Lochhammer* folgen wir dem Radweg Richtung Innenstadt. Wir erreichen die Argen, überqueren den Fluß und radeln nach rechts über die *Bindstraße* in die Altstadt von **Wangen**.

Radverleih
Isny: Fahrrad Durach, Achener Weg 11, Tel. (0 75 62) 24 56; Fahrradhof Ohmayer, Tel. 28 20. *Wangen*: Gästeamt im Rathaus Tel. (0 75 22) 7 42 11; Fahrradhaus Hertkorn, Karlstraße 11, Tel. 23 89; Zweirad-Haus Kipper, Am Waltersbühl 15, Tel. 35 29.

Übernachtungen unterwegs
Eglofs: Gasthof Zur Rose, Tel. (0 75 66) 3 66 (mittel); Gasthof zum Löwen, Tel. 15 78 (günstig). *Wangen*: Blaue Traube, Tel. (0 75 22) 66 27(mittel), mit Radstellplatz; Hotel Mohren-Post, (0 75 22) 2 10 76 (mittel).

Einkehrmöglichkeiten
Eglofs: Gasthof Zur Rose (Mo Ruhetag); Gasthof zum Löwen, daneben Hofladen mit landwirtschaftlichen Erzeugnissen: Di 10–12 u. Fr 14–18, Sa 9–12 Uhr. *Wangen*: Fidelisbäck.

Öffnungszeiten
Isny: Museum am Mühlturm (Stadtgeschichte), Di, Do, Sa, So 14–17 Uhr. *Wangen*: Heimat- und Käsereimuseum in der Eselmühle mit Darstellung des Mühlengewerbes, Deutsches Eichendorff-Museum, Atzenberg 31; Museum in der Badstube; für alle Museen: Di–So 14–17 Uhr, Mi/Sa/So 10–12 Uhr.

Auskunft
D-88316 Isny: Kurverwaltung, Unterer Grabenweg 18, Tel. (0 75 62) 9 84-1 10. D-88260 Argenbühl: Gästeamt Argenbühl, Eisenharz, Eglofser Straße 4, Tel. (0 75 66) 94 02 25. D-88239 Wangen: Gästeamt, Im Rathaus, Tel. (0 75 22) 7 42 11.

Kombinationen
Fortsetzung mit Tour 7 nach Lindau und mit Tour 13 über Kißlegg nach Leutkirch.

Landkarten
ADFC Radtourenkarte, 1 : 150 000, Blatt 25, Bodensee/Schwäbische Alb. Rad- und Wanderkarte Oberschwaben Südblatt, 1 : 50 000, Regio Cart, RV Verlag.

7

7 Hinab zum Schwäbischen Meer

Wangen – Hergensweiler – Zech – Lindau

 Ausgangsort
Wangen, Gästeamt.

 Zielpunkt
Lindau, Hafenmole.

 Gesamttourenlänge
30 km Asphalt.

 Zeitbedarf
2,5 Std. Fahren, 2 Std. Besichtigen.

 Etappen
Lindau – Hergensweiler 13 km; Hergensweiler – Zech 12 km; Zech – Lindau 5 km.

 Steigungen
Von Wangen nach Lindau 150 m Höhenmeter hinab.

 Geländestruktur
Durch Moränenlandschaft mit interessanten Drumlins am Landschaftsschutzgebiet Degermoos entlang.

 Sehenswertes
Wangen: Lindauer und Ravensburger Tor, Rathaus und Pfaffenturm, Eselsmühle. *Hergensweiler*: schöne alte Bauernhäuser mit Schindeln, Kirche mit Scagliola-Altären, Heimatmuseum mit noch aktiver historischer Backstube. *Lindau*: Hafen mit Leuchtturm und bayerischem Löwen, Marktplatz mit Stephanskirche und katholischer Stiftskirche St. Maria, Haus zum Cavazzen, Altes Rathaus (1422/1436), Diebs-, Mang- und Pulverturm.

 Zu beachten
180-Grad-Wendung nach dem Sportplatz von Zech in die Eichwaldstraße.

 Varianten
Über Österreich: Diezlings und Hörbranz nach Zech/Lindau (s. Tour 8).

Attraktiver Zielpunkt dieser Tour durch die grüne Hügellandschaft, vorbei an Drumlins und dem Degermoos, ist die bayerische Bodenseestadt Lindau. Aber auch Wangen, als ehemals freie und stolze Reichsstadt, besitzt einen großen Reiz. **Wangen** ist eine der besterhaltenen Städte des Allgäus, seine Altstadt wurde als Gesamtanlage unter Denkmalschutz gestellt. Die vier Tore der alten Stadtbefestigung, besonders das **Ravensburger Tor** und das **Lindauer Tor**, prägen das Stadtbild. Die bunte Bemalung wurde nach alten Vorlagen in diesem Jahrhundert angebracht. Der Rathausplatz bildet mit der Pfarrkirche St. Martin, der barocken Schaufront des **Rathauses** und dem Pfaffenturm ein romantisches Ensemble. Der **Pfaffenturm** ist ein Relikt der alten Stadtmauer, durch ihn gelangt man heute in die Unterstadt. Ein Stück alter Stadtmauer findet man bei der **Eselsmühle**, in der das Heimatmuseum untergebracht ist. Dort steht auch der **Pulverturm**. In der Paradiesstraße beim Lindauer Tor sollte man in jedem Fall beim Fidelisbäck den besten Leberkäs weit und breit probieren.

In Wangen fahren wir vom Gästeamt in die *Unterstadt* und über das *Kornhausgäßchen* und die *Lange Gasse* bis zur Argen und dort rechts. An der ehemaligen Stadtmauer, am *Argenufer*, geht es bis zur Hauptstraße, dort links über die Argen und gleich danach rechts in den *Bleicheweg*. Wir halten uns weiterhin an die Argen, bis unser Weg nach der Unterführung rechts abzweigt (Ww. Herzmanns/Elitz). In *Elitz* biegen wir rechts ab nach Welbrechts, erreichen eine große Straße und wenden uns nach links zum Ortseingang von *Welbrechts*. Im Ort orientieren wir uns rechts Richtung Schuppenberg (Ww. Radbeschilderung »R 1«). Durch eine leicht hügelige Landschaft geht es auf kleinen Wegen über *Löwenhorn* und *Moorhaus* bis nach *Schuppenberg*. Ab hier radeln wir durch weite

Hinab zum Schwäbischen Meer 7

Obstbaumkulturen hinab nach *Untermoorweiler* und im Ort wieder leicht bergauf. Wir folgen der Beschilderung »Dabetsweiler/Engetsweiler« nach links. Wir rollen weiter hinab (Ww. Lindau), durchqueren ein Hopfenanbaugebiet und erreichen den idyllischen **Stockenweiler Weiher**, der am Rande des Landschaftsschutzgebiets Degermoos liegt.

Danach überqueren wir die Bahnlinie und stoßen auf die vielbefahrene Hauptstraße. Auf dieser fahren wir erst links und nach wenigen Metern rechts ab. Es geht nun leicht bergab, vor uns sehen wir schon den spitz aufragenden Kirchturm von **Hergensweiler**. Die **Kirche St. Ambrosius** überrascht im Inneren durch eine der am besten erhaltenen Barockausstattungen des Landkreises Lindau, unter anderem durch drei Barockaltäre mit wertvollen Scagliola-Arbeiten (Stuckmarmorintarsien). Im malerischen Ort sind mehrere alte, mit Holzschindeln verkleidete Bauernhäuser zu bewundern, die von prächtigen Blumengärten umrahmt werden.

Wir fahren geradeaus durch Hergensweiler hindurch, nach dem Ortsende sehen wir rechts die hoch gelegene **St.-Antonius-Kapelle** (1682). Vor allem wegen der weiten Blicke auf das Alpenmassiv lohnt der kurz Aufstieg.

Es geht weiterhin abwärts, zunächst noch flach, dann aber etwas steiler, und wir stoßen direkt auf die B 308 (Vorsicht). Diese überqueren wir, biegen auf dem Radweg rechts, nach wenigen hundert Metern links hoch und gleich rechts nach *Thumen*. Im Ort wenden wir uns links hinab in das Tal der Laiblach. An kleineren Gehöften vorbei geht es an der Laiblach, die die Grenze zu Österreich bildet, weiter

Die Lindauer Hafeneinfahrt mit Leuchtturm und dem bayerischen Löwen ist eines der beliebtesten Fotomotive am Bodensee.

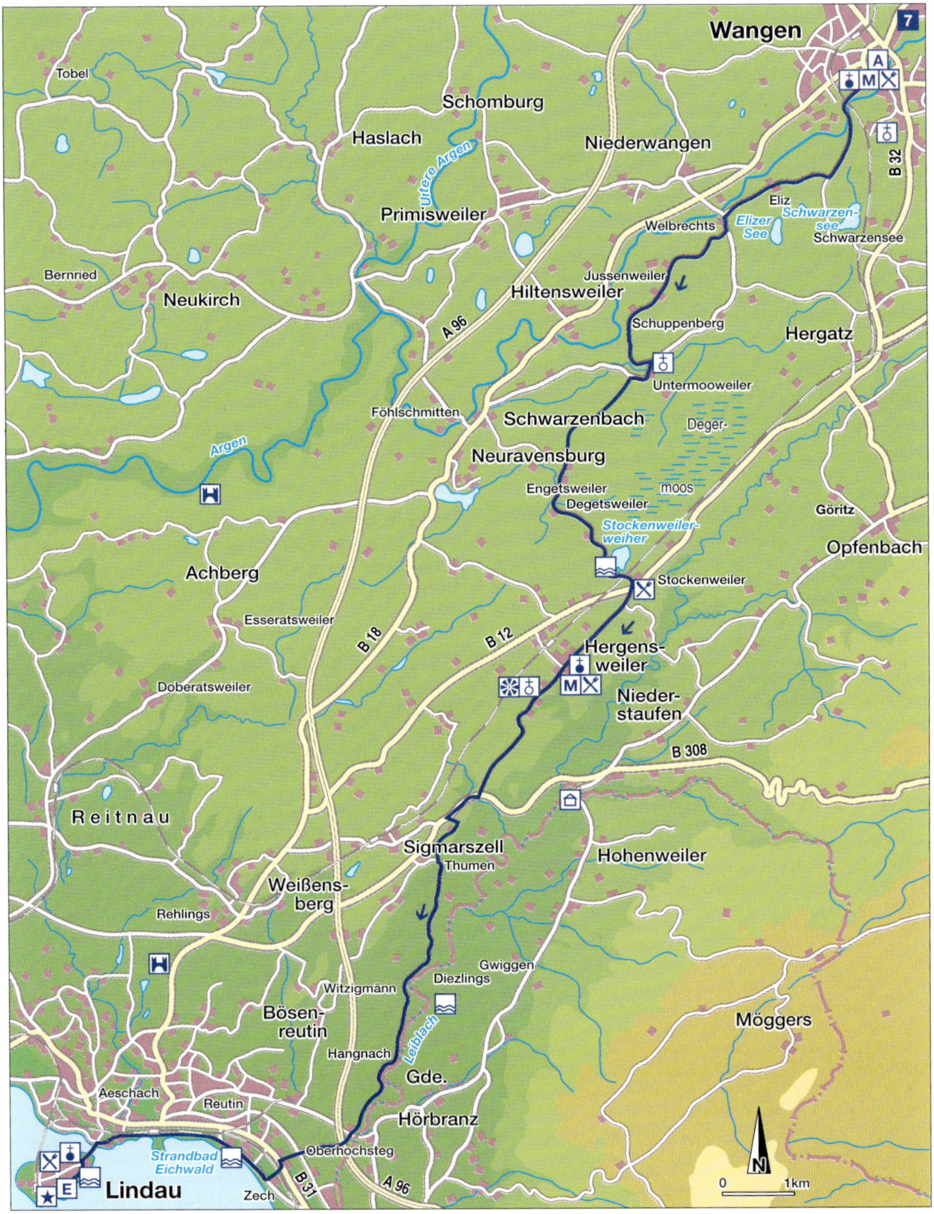

7 Hinab zum Schwäbischen Meer

hinunter. Wir durchqueren ein Waldstück, in dem sich eine Einkehr in der einsam gelegenen Waldschenke anbietet (Ww. Waldschenke), und erreichen eine Querstraße. Hier halten wir uns links und vor der Grenze zu Österreich rechts.

Hinab zum Schwäbischen Meer 7

Anschließend wird es leicht hügelig, wir überqueren die A 96, sehen dabei den Pfändertunnel links liegen und erreichen **Lindau-Zech**. Wir folgen der Beschilderung Wanderweg 1, durchqueren im Zickzackkurs eine Wohnsiedlung und erreichen nach dem Sportplatz die Uferstraße. Auf dieser geht es ca. 200 m nach links und gleich danach rechts. Wir überqueren die Bahnlinie und befinden uns schon auf dem Bodenseeradweg. Am Strandbad Eichwald (Bademöglichkeit) vorbei radeln wir noch etwa 4 km, bis wir links auf den Damm zur **Insel von Lindau** abzweigen. An der Stiftskirche und St. Stephan vorbei gelangen wir zum Hafen.

Wangen überrascht auf Schritt und Tritt mit prachtvollen Ensembles. Eine Stadt als Gesamtkunstwerk!

Radverleih
Wangen: Gästeamt im Rathaus Tel. (0 75 22) 742 11; Fahrradhaus Hertkorn, Karlstraße 11, Tel. 23 89; Zweirad-Haus Kipper, Am Waltersbühl 15, Tel. 35 29.

Übernachtungen unterwegs
Wangen: Hotel Mohren-Post, Tel. (0 75 22) 2 10 76. *Lindau*: s. Tour 9.

Einkehrmöglichkeiten
Wangen: Fidelisbäck (bester Leberkäs weit und breit). *Stockenweiler*: Restaurant Lanz (18–23 Uhr, Feinschmeckerküche). *Hergensweiler*: Gasthaus Zur Sonne. *Lindau-Zech*: Waldschenke an der Laiblach (Biergarten u. Kinderspielplatz).

Öffnungszeiten
Wangen: Heimat- und Käsereimuseum in der Eselmühle mit Darstellung des Mühlengewerbes, Deutsches Eichendorff-Museum, Atzenberg 31; Museum in der Badstube; für alle Museen: Di–So 14–17 Uhr, Mi/Sa/So 10–12 Uhr. *Hergensweiler*: Heimatmuseum So 10.30–12 u. nach tel. Vereinbarung (0 83 88) 2 17 o. 2 73. *Lindau*: Stadtmuseum im Haus zum Cavazzen, Do–So 9–12, 14–17 Uhr.

Auskunft
D-88239 Wangen: Gästeamt, Im Rathaus, Tel. (0 75 22) 742 11. D-88131 Lindau: Verkehrsverein am Hauptbahnhof, Tel: (0 83 82) 26 00 30.

Kombinationen
Fortsetzung mit Tour 10 entlang des Bodensees und wieder zurück nach Lindau.

Landkarten
Topographische Karte Bodensee-Ost, Blatt 24, 1 : 50 000. Rad- und Wanderkarte Oberschwaben Südblatt, 1 : 50 000, Regio Cart, RV Verlag. ADFC Radtourenkarte, Blatt 25, Bodensee/Schwäbische Alb, 1 : 150 000.

8 Von der Hutstadt Lindenberg am mächtigen Pfänderrücken hinab zum Bodensee

Lindenberg – Scheidegg – Hohenweiler – Hörbranz – Zech – Lindau

 Ausgangsort
Lindenberg, Busbahnhof. Anschluß an das Bahnnetz über Röthenbach, ca. 6 km entfernt.

 Zielpunkt
Lindau, Hauptbahnhof.

 Gesamttourenlänge
27 km, davon 25 km Asphalt, 2 km Kiesweg.

 Zeitbedarf
2,5 Std Fahren. 1 Stunde Besichtigen.

 Etappen
Lindenberg – Scheidegg 4 km; Scheidegg – Hörbranz 15,5 km; – Hörbranz – Zech 2,5 km; Zech – Lindau 5 km.

 Steigungen
Von Lindenberg nach Scheidegg 40 Höhenmeter bergauf. Bis Lindau insgesamt 400 Höhenmeter abwärts.

 Geländestruktur
Bis zur Grenze auf teilweise bewaldeter Strecke sanft bergauf, danach kräftiger Abstieg zum Bodensee.

 Sehenswertes
Lindenberg: St. Peter und Paul. *Gwiggen*: Kloster Maria Stern. *Lindau*: s. Tour 9.

 Zu beachten
Grenzübertritt nach Österreich: Personalausweis mitnehmen!

Varianten
Von Lindenberg durch das Moor entlang des Waldsees nach Scheidegg.

Der hochaufragende Pfänder bei Bregenz ist ein beliebtes Aussichts- und Ausflugsziel. Der sich westlich anschließende Pfänderrücken fällt nach Westen leicht und nach Norden steil ab. Auf dem Pfänderrücken läßt es sich ganz bequem hinunter nach Lindau radeln, denn immerhin geht es 400 Höhenmeter abwärts.

Unser Ausgangspunkt, der Luftkurort **Lindenberg,** blickt auf eine lange Tradition der Hutmacherkunst zurück. Früher wurden hier vor allem Strohhüte hergestellt; die Entwicklung bis zur heutigen Hutproduktion läßt sich im einzigartigen *Hutmuseum* gut nachvollziehen. Auch heute kann man noch in Lindenberg gefertigte Hüte kaufen.

Die riesige Pfarrkirche wurde erst in diesem Jahrhundert (1912–14) im neobarocken Stil errichtet. Die alte Pfarrkirche **St. Aurelius** (1764–70) ist ein lichter Bau von Johann Georg Specht.

Wir starten vom Busbahnhof in Lindenberg und fahren die *Blumenstraße* entlang, an der neuen Pfarrkirche vorbei und an der folgenden Kreuzung rechts. Danach geht es Richtung Stadion/ Waldsee, und wir folgen dem Verlauf der Straße bis zum Wäldchen bei den Stadtwerken Lindenberg. Lohnend ist der kurze Abstecher zum **Waldsee**, dem höchst gelegenen Moorsee Deutschlands. Auf einem Kiesweg im Wald radeln wir bergauf Richtung *Scheidegg/Haus*, um die Stadtwerke herum und weiter geradeaus. An der folgenden Kreuzung geht es links hoch in Richtung Hauptstraße – Haus. Auf dem Radweg auf der linken Straßenseite fahren wir weiter Richtung **Scheidegg**.

Wir biegen links ab Richtung Gewerbegebiet, dann gleich wieder rechts bergauf in die Straße *Am Durchlaß* und kommen nach 500 m wieder auf die Ortsdurchfahrt. Hier wenden wir uns links, am Katholischen Pfarrheim und an der Kirche St. Gallus vorbei, und erreichen wieder

Von Lindenberg am Pfänderrücken hinab zum Bodensee | 8

Auf dem Weg nach Lindau am Rucksteig radelt man an diesem prächtigen alten Gehöft mit klassischer Holzverkleidung vorbei.

die *Hauptstraße*. Danach halten wir uns halbrechts Richtung Bregenz/Österreich. Bei *Möggers* radeln wir über die Grenze nach Österreich und halten uns rechts.

Auf einer wenig befahrenen Straße geht es nun ein bißchen bergauf, durch den Ort *Weienried* und beim futuristischen Rathaus mit Feuerwehrhaus geradeaus

8 Von Lindenberg am Pfänderrücken hinab zum Bodensee

So ein futuristisches Rat- und Feuerwehrhaus, wie hier in Weienried, hätte man in dieser Gegend nicht vermutet.

rechts ab in die *Heribrandstraße*, die uns nach **Hörbranz** führt. Dort biegen wir an der Kirche rechts ab. Der Hauptstraße folgend, erreichen wir die Grenze nach Deutschland. Gleich nach dem Grenzübertritt und nach der *Laiblach* wenden wir uns nach links und überqueren die A 96. Es geht hinab bis zur B 31 bei **Zech**, die um den Bodensee führt. Hier fahren wir 200 m nach links und dann rechts auf den *Bodensee-Radweg*, der uns am Seebad von Lindau vorbei bis zum Inseldamm führt. Über diesen gelangen wir in die Altstadt von **Lindau**.

weiter. Wir rollen den Berg hinunter und genießen die schöne Aussicht auf den Bodensee und das Bodenseeufer im Dreiländereck. Es geht weiter den Rucksteig abwärts; bei der nächsten Kreuzung halten wir uns links Richtung Bregenz. In *Leutenhofen* kann man Ziegenkäse direkt vom Hof kaufen.
Von *Gwiggen* bietet sich ein kleiner Abstecher zum *Zisterzienserinnen-Kloster Maria Stern* an. Auf die Hauptstraße zurückgekehrt, biegen wir beim nächsten Weiler rechts ab nach *Diezlings*. Hier besteht die Möglichkeit zur Einkehr im Gasthaus »Zum Bad Diezlings«. Wir radeln wieder ein wenig zurück und biegen

Radverleih
Lindenberg: Feriendorf Bayernpark in Nadenberg, Tel. (0 83 81) 60 01, Mo – Fr 9 – 11 Uhr.

Übernachtungen unterwegs
Lindenberg: Lindenberger Hof, Tel. (0 83 81) 30 40 (mittel); Bayerischer Hof, Tel. 16 04 (mittel). *Scheidegg*: Gästehaus Allgäu, Tel. (0 83 81) 52 50 (mittel). *Lindau*: s. Tour 9.

Einkehrmöglichkeiten
Lindenberg: Lindenberger Hof (Allgäuer Schmankerl). *Scheidegg*: Gasthaus Zum Hirschen. *Möggers*: Gästehaus Sonnenhalde; Gasthaus Hirschen (Di Ruhetag). *Diezlings*: Zum Bad Diezlings.

Öffnungszeiten
Lindenberg: Hutmuseum, Mi 15 – 17.30, So 10 – 12 Uhr. *Lindau*: s. Tour 9. *Scheidegg*: Heimathaus (Öffnungszeiten s. Kurzeitung), Tel. (0 83 81) 37 15.

Auskunft
D-88161 Lindenberg: Städtisches Verkehrsamt, Stadtplatz, (0 83 81) 8 03 24. D-88175 Scheidegg, Kurverwaltung, Rathausplatz 4, Tel. (0 83 81) 8 95 55. D-88131 Lindau: Verkehrsverein am Hauptbahnhof, Tel: (0 83 82) 26 00 30.

Kombinationen
Fortsetzung mit Tour 9 rund um Lindau.

Landkarten
Rad- und Wanderkarte Oberschwaben Südblatt, 1 : 50 000, Regio Cart, RV Verlag.

9 Rund um Lindau: Bodensee und Hinterland

Lindau – Wasserburg – Kressbronn – Degersee – Lindau

 Ausgangsort
Lindau, Bahnhof. Anfahrt mit DB über Kempten und Memmingen oder von Friedrichshafen am See entlang.

 Zielpunkt
Lindau, Bahnhof (Rundtour).

 Gesamttourenlänge
32 km, davon 30 km Asphalt, 2 km Kiesweg.

 Zeitbedarf
2,5 Std. Fahren, 2 Std. Besichtigen.

 Etappen
Lindau – Wasserburg 7 km; Wasserburg – Kressbronn 5 km; Kressbronn – Degersee 10,5 km; Degersee – Lindau 9,5 km.

 Steigungen
Von Kressbronn bis zum Schlein- und Degersee 100 Höhenmeter.

 Geländestruktur
Entlang des Bodenseeufers bis Kressbronn eben, danach durch kleinräumige und hügelige Moränenlandschaft.

 Sehenswertes
Lindau: Hafen mit Leuchtturm und bayerischem Löwen, Marktplatz mit Stephanskirche und katholischer Stiftskirche St. Maria, Haus zum Cavazzen, Altes Rathaus (1422/1436), Diebs-, Mang- und Pulverturm. *Bad Schachen*: Friedensmuseum im Lindenhofpark. *Wasserburg*: Fuggersäule, Schloß (16 Jh.), Pfarrkirche St. Georg (um 1500).

 Varianten
Von Kressbronn weiter Richtung Friedrichshafen über Eriskirch. Von Friedrichshafen, Kressbronn, Nonnenhorn mit dem Schiff zurück nach Lindau.

Lindau ist nicht nur als End- und Ausgangspunkt mehrerer Touren ins Allgäuer Hinterland ein beliebter Ort am Bodensee. Malerisch liegt das Zentrum auf einer Insel, die über einen Damm zu erreichen ist. Berühmt und vielfach abgebildet ist die prachtvolle **Hafeneinfahrt** mit dem bayerischen Löwen zur linken und dem Leuchtturm zur rechten Seite. Die historische Altstadt mit Laubengängen und stattlichen Bürgerhäusern sollte man bei einem ausgiebigen Stadtbummel erkunden. Das reich bemalte **Haus zum Cavazzen**, schlicht »der Kawatzen« genannt, wird oft als das schönste Bürgerhaus des Bodensees bezeichnet. Es beherbergt das Heimatmuseum mit den reichhaltigen städtischen Sammlungen, die mit Gemälden, Tapisserien und Möbeln ein lebhaftes Bild des Lindauer Patriziats entwerfen. Der **Rathausplatz** mit der farbenprächtigen Fassade des alten Rathauses und dem barocken neuen Rathaus ist ebenso wie der stimmungsvolle **Marktplatz** mit den Kirchen St. Stephan und St. Maria einen Besuch wert. Interessantester Kirchenbau der Stadt ist die gotische **Peterskirche**, die im 17. Jh. profaniert wurde und seit 1928 Kriegergedächtnisstätte ist. Dort ist die »Lindauer Passion«, ein Freskenzyklus von Hans Holbein d. Ä., zu bewundern. Wir beginnen am Bahnhof von Lindau und fahren vom *Bahnhofsplatz* nicht

Hat man das Ziel bereits im Blick, radelt es sich noch gemütlicher, wie hier auf dem Weg nach Wasserburg am Bodensee.

9 Rund um Lindau: Bodensee und Hinterland

Das Schloß von Wasserburg und die Kirche St. Georg bilden eine harmonische Einheit. Vom Seeufer ergeben sich immer wieder romantische Ausblicke auf die Halbinsel.

zum See, sondern in die entgegengesetzte Richtung zur Post und in die *Dammsteggasse* hinein. Parallel zur links von uns gelegenen Bahnstrecke radeln wir den *Eisenbahndamm* entlang. Anschließend überqueren wir die Bahnlinie nach links und fahren am Seeufer weiter, mit Ausblicken auf das Österreichische und Schweizer Ufer. Wir biegen links ein in die *Schachener Straße* und radeln weiter Richtung Bad Schachen/Wasserburg. Danach wenden wir uns links in den *Oeschländerweg*. Am Strandbad von Bad Schachen vorbei gelangen wir zur Abzweigung in den **Lindenhofpark**, mit schöner Liegewiese und beliebter Bademöglichkeit. Unser Weg führt uns jedoch geradeaus weiter und steigt sanft entlang der *Alwindstraße* an. Leicht hügelig geht es am Seeufer weiter, bis vor uns die Halbinsel von Wasserburg zu sehen ist. Die *Reutiner Straße* führt uns bis zum Restaurant Seeterrasse in Wasserburg, und hier biegen wir links ab in den *Strandweg*. Über die *Uferstraße* und *Halbinselstraße* erreichen wir die ehemalige Insel von **Wasserburg**. Auf dieser ist Radfahren verboten, sie ist nur den Fußgängern vorbehalten.

Auf der idyllischen Halbinsel von Wasserburg bilden die **Kirche St. Georg** und das ehemalige **Wasserschloß**, welches heute ein Hotel beherbergt, ein malerisches Ensemble. Die **Fuggersäule** zeugt von der ehemaligen fuggerischen Herrschaft. In der spätgotischen St.-Georgs-Kirche beachte man an den Säulen die einmaligen Gfrörenen-Dokumente. Sie erinnern an die seltenen Winter, in denen der Bodensee komplett zugefroren war, die sogenannte Seegfröre. Die älteste Inschrift stammt von 1573.

Wir verlassen die Insel über den *Moosweg* und biegen links ab nach *Nonnenhorn*, an deren Dorfstraße ein guterhaltener eichener Weintorggel zu sehen ist. Über die Nonnenhorner Straße gelangen wir nach **Kressbronn** und fahren die *Seestraße* an der Touristikinformation vorbei. Unter der Bahnlinie hindurch radeln wir auf die Hauptstraße und danach bei der Kirche rechts in den *Kirchweg* (Ww. Donau-Bodensee-Radweg). Anschließend wenden wir uns links in die

Rund um Lindau: Bodensee und Hinterland 9

Bergerstraße. Nun geht es bergauf, unter der B 31 hindurch bis zum Ort *Berg*. Hier halten wir uns rechts in die Straße »Zum Berger Weiher«. Die Gegend hier, mit Mooren, Obstbaumkulturen und Hopfenanbau, ist äußerst reizvoll. Eine schmale Teerstraße führt uns durch leicht hügelige Landschaft zum **Schleinsee**. Kapelle und Hofgut Schleinsee, ein mächtiger Klinkerbau mit Stuck- und Jugendstilfenstern, sind sehenswert. Leicht hügelig radeln wir weiter, über *Busenhaus* gelangen wir nach *Degersee*. Hier verlassen wir den Donau-Bodensee-Radweg und biegen rechts ab nach Lindau-Oberreitnau. Nach 500 m zweigt der Weg nochmals rechts ab. Durch *Hörbolz* geht es geradeaus weiter bis nach *Eggatsweiler*. Hier fahren wir am Ortsausgang links auf den Fahrradweg und radeln auf diesem geradeaus weiter, über das Ende des Radwegs hinaus. Wir unterqueren die neue B 31, halten uns 2 m nach der Brücke rechts, parallel zur Hauptstraße, auf einem abfallenden, geteerten Forstweg am Waldrand. Bei der nächsten Brücke mündet dieser in einen Fahrradweg. Im Ortsteil Schachen biegen wir rechts ab auf den Radweg zur Insel. Über den parallel zur Bahnlinie verlaufenden *Hechenweg* gelangen wir auf dem Eisenbahndamm zurück auf die Insel **Lindau**.

Radverleih
Lindau: Hauptbahnhof, Tel. (0 83 82) 40 66. *Bad Schachen*: Rita Cremer, Kapellenweg 8, Tel. (0 83 82) 64 41. *Kressbronn*: Bahnhof, Tel. (0 75 43) 62 16; Verkehrsamt, Seestraße 20, Tel. 6 02 92.

Übernachtungen unterwegs
Lindau: Bodensee-Hotel Lindau, Tel. (0 83 82) 96 70 51-54 (gehoben). *Kressbronn*: Schorsch's Heuhotel (Schlafsack mitbringen, urig und billig, mit Fahrradstellplatz), Tel. (0 75 43) 61 53.

Einkehrmöglichkeiten
Lindau: Gasthof Alte Post (historisch), Inselgraben, Cafés am Hafen, Gasthof im Lindenhofpark, mit Terrasse und Blick auf See. *Wasserburg*: Zum lieben Augustin. *Kressbronn*: Am Kretzergrund, Uferweg 5 (Fischspezialitäten); Speiselokal Prantl, Kirchstraße 25. *Degersee*: Degersee-Stube (Wildspezialitäten).

Öffnungszeiten
Lindau: Stadtmuseum im Haus zum Cavazzen, Do – So 9 –12, 14 –17 Uhr. *Bad Schachen*: Friedensmuseum Di – Sa 10 –12 Uhr u. 14.30 –17 Uhr, So 10 –12 Uhr. *Wasserburg*: Museum im Malhaus, Di – So 10 –12, Mi/Sa 15 –17 Uhr.

Auskunft
D-88131 Lindau: Verkehrsverein am Hauptbahnhof, Tel. 26 00 30. D-88142 Wasserburg: Verkehrsamt im Rathaus, Tel. (0 83 82) 88 74 74. D-88079 Kressbronn: Verkehrsamt, Seestraße 20, Tel. (0 75 43) 6 02 92.

Kombinationen
Diese Tour ist die Fortsetzung der Touren 7 (von Wangen nach Lindau) und 8 (von Lindenberg nach Lindau).

Landkarten
Topographische Karte Bodensee Blatt Ost, 1 : 50 000. Rad- und Wanderkarte Oberschwaben Südblatt, 1 : 50 000, Regio Cart, RV Verlag.

10 An kleinen Seen vorbei nach Isny

Leutkirch – Herlazhofen – Beuren – Neutrauchburg – Isny

 Ausgangsort
Leutkirch, Kirche oder Bahnhof.

 Zielpunkt
Isny, Marktplatz.

 Gesamttourenlänge
27 km, davon 23 km Asphalt, 4 km Kiesweg.

 Zeitbedarf
2,5 Std. Fahren. 2 Std. Besichtigen.

 Etappen
Leutkirch – Herlazhofen 4 km; Herlazhofen – Beuren 8 km; Beuren – Neutrauchburg 13 km; Neutrauchburg – Isny 2 km.

 Steigungen
Von Leutkirch nach Isny 50 Höhenmeter. Ab Herlazhofen hügeliger.

 Geländestruktur
Durch die Flußebene/Gletscherebene, danach hügelig durch Wald und Moorgebiet mit schönen Seen.

 Sehenswertes
Leutkirch: Rathaus (Stuckdecke im Ratssaal), Museum im Bock, Gartenhaus des Schlößchen Hummelsberg. *Neutrauchburg*: Schloß. *Isny*: s. Tour 6.

 Zu beachten
Im Wald nach Hinterweiher dem breitesten Kiesweg folgen!

 Varianten
Abkürzung vor Menelzhofen links nach Neutrauchburg (hügelig).

Eine Moor- und Heidelandschaft bestimmt den Charakter dieser Tour. Von den ehemals ausgedehnten Moorflächen zeugen heute noch zahlreiche verlandete Seen und Ortsbezeichnungen wie Moorbad.

Leutkirch liegt am Ostrand der Leutkircher Heide, am Fuß des Hohen Berges, der Wilhelmshöhe. Von der einst stattlichen Befestigungsanlage zeugt heute nur noch ein kleines Stück Stadtmauer mit dem **Bockturm** und dem **Pulverturm**. Im Bock-Gebäude neben dem gleichnamigen Turm ist das Heimatmuseum untergebracht. Beherrschendes Bauwerk der historischen Altstadt ist das **Rathaus** mit seinen breiten Laubengängen. Es wurde in der ersten Hälfte des 18. Jh. neu errichtet und besitzt prächtige Stuckdecken von Johannes Schütz, einem Schüler von Dominikus Zimmermann. Schütz arbeitete auch in dem etwas außerhalb gelegenen Schlößchen Hummelsberg mit seinem reizvollen Gartenhaus. Die Pfarrkirche **St. Martin** wurde 1519 vollendet und besitzt ein fein gearbeitetes Netzgewölbe mit Schlußsteinen.

Vom Gästeamt in **Leutkirch** fahren wir

Wie viele andere Allgäuer Dörfer auch besitzt Herlazhofen mit Kirchturm und mächtigen Bauernhöfen eine markante Silhouette.

An kleinen Seen vorbei nach Isny 10

Für Genußradler präsentiert sich das Allgäu, wie hier zwischen Leutkirch und Isny, als hügelige weite Landschaft mit Alpenpanorama.

die *Marktstraße*, die sich als *Wangener Straße* fortsetzt, bis zum Friedhof und danach links ab in die *Herlazhofer Straße*. Im breiten Gletschertal geht es zunächst eben entlang; vor Herlazhofen gelangt man hinauf in das Moränengebiet. Am Gasthaus »Zur Halde« in **Herlazhofen** nehmen wir den Radwanderweg R 6 nach Winnies.
Wir radeln eine 10 %ige Steigung bergauf, orientieren uns weiterhin an der Beschilderung R 6 und biegen nach dem Pfarrstadel links in die *Moorbadstraße*. So fahren wir Richtung Viehweide und biegen vor der Ortschaft rechts ab (Ww. Moorbad). Moorbad lassen wir rechts liegen und folgen weiter dem R 6. Wir passieren den Campingplatz am Hinterweiher, danach geht es auf einem Kiesweg durch den Forst *Steiler Riedbrand.* In diesem Wald halten wir uns immer noch an die Beschilderung R 6, wir nehmen die breiteste Kiesstraße. Am Waldende biegen wir rechts ab auf den Radweg Allgäu und erreichen *Winnies*, das idyllisch am *Badsee* liegt.
In Winnies wenden wir uns links und gelangen nach *Almisried* und *Beuren*.

10 An kleinen Seen vorbei nach Isny

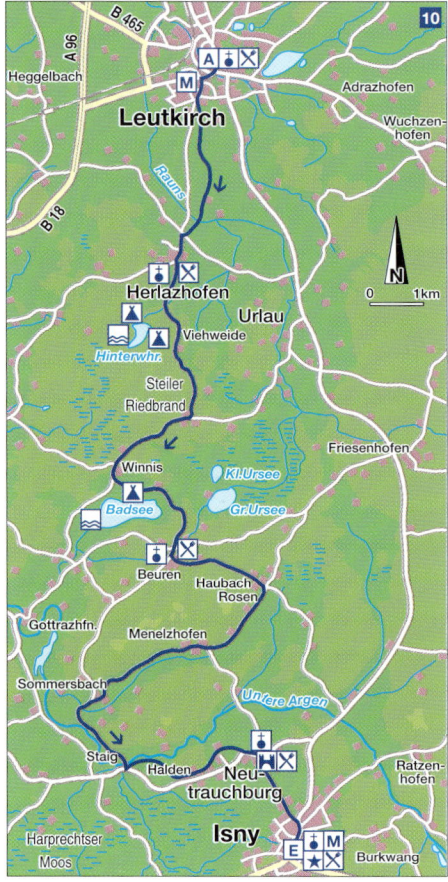

Hier fahren wir an der Hauptstraße nach rechts und dann vor der Kirche nochmal links. In *Haubach* zweigen wir nach der Kirche rechts ab nach Menelzhofen und verlassen damit den Radweg Allgäu. Es geht ein kurzes Stück steil hinab (bis zu 16 %) und anschließend weiter bis *Menelzhofen*. Geradeaus radeln wir durch *Sommersbach* und danach rechts ab. An der Unteren Argen halten wir uns bis vor Unterried und überqueren hier mit einer Holzbrücke den Fluß. Am Haldenhof (Gasthof) fährt man links auf der verkehrsreichen Straße nach **Neutrauchburg**. Hier steht das frühklassizistische, rechteckige **Schloß** mit Mansardendach, erbaut zwischen 1785 und 1788 von Johann Georg Specht, das sich auch heute noch im Besitz der Fürsten von Waldburg-Zeil befindet.

Man durchquert Neutrauchburg und fährt über die *Riedstraße* und *Schloßstraße* nach Isny. Dabei hat man einen bezaubernden Blick auf das Stadtpanorama Isnys mit den charakteristischen Zwiebeltürmen. Auf einem Radweg entlang der Neutrauchburger Straße kommen wir in die Stadt **Isny** und gelangen hier über die Bahnhofstraße zur Altstadt und zum zentralen Marktplatz.

Radverleih
Leutkirch: Gästeamt, Tel. (0 75 61) 8 71 54, Bahnhof, Tel. 26 52. *Isny*: Fahrrad Durach, Tel. (0 75 62) 24 56, Fahrradhof Ohmayer, Tel. 28 20.

Übernachtungen unterwegs
Leutkirch: s. Tour 11. *Herlazhofen*: Gasthof Zur Halde (Mi Ruhetag, Biergarten).

Einkehrmöglichkeiten
Leutkirch: Hotel Linde. *Herlazhofen*: Gasthof Zur Halde (Biergarten).

Öffnungszeiten
Leutkirch: Museum im Bock, So u. Fei 10–12 u. 14–17 Uhr, Mi 15–18 Uhr.

Auskunft
D-88299 Leutkirch: Gästeamt, Am Gänsbühl 6, (0 75 61) 8 71 54. D-88316 Isny: Kurverwaltung, Unterer Grabenweg 18, Tel. (0 75 62) 9 84-1 10.

Kombinationen
Fortsetzung mit Tour 23 nach Kempten.

Landkarten
Deutsche Radtourenkarte, Blatt 33, Hohenzollern – Bodensee, 1 : 100 000, Haupka; Rad- und Wanderkarte Oberschwaben Südblatt, 1 : 50 000, Regio Cart, RV Verlag. Landkreis Oberallgäu, Radwege 1 : 75 000, Verlag Alfred Beron.

11 Von Leutkirch nach Bad Wurzach

Leutkirch – Unterzeil – Schloß Zeil – Gospoldshofen – Bad Wurzach

 Ausgangsort
Leutkirch, Bahnhof.

 Zielpunkt
Bad Wurzach, Kurverwaltung.

 Gesamttourenlänge
21 km, davon 18 km Asphalt, 3 km Kiesweg.

 Zeitbedarf
2 Std. Fahren, 3 Std. Besichtigen.

 Etappen
Leutkirch – Unterzeil 4,5 km; Unterzeil – Schloß Zeil 1,5 km; Schloß Zeil – Starkenhofen 6 km; Starkenhofen – Gospoldshofen 4 km; Gospoldshofen – Bad Wurzach 5 km.

 Steigungen
Anstieg bis Schloß Zeil 100 Höhenmeter; danach nochmals 50 Höhenmeter – und alles wieder hinab bis Bad Wurzach.

 Geländestruktur
Eben durch die Leutkircher Heide mit Schloß Zeil im Blick; kurzer steiler Anstieg zum Schloß, anschließend hügelig durch Wälder und sanft hinab bis Bad Wurzach.

 Sehenswertes
Leutkirch: Rathaus, Museum im Bock, Schlößchen Hummelsberg. Schloß Zeil (Schloßkirche, Gartenanlage, Panoramablick); Wallfahrtskirche auf dem Gottesberg. *Bad Wurzach*: Schloß (Barocktreppe, Deckenfresko), Pfarrkirche St. Verena, Kloster Maria Rosengarten, Leprosenhaus mit der Siechenkapelle.

 Zu beachten
Kurz vor Ortsschild Bauhofer/Einöden am Einödhof rechts abbiegen.

 Varianten
Über Bauhofen und Truschwende nach Bad Wurzach.

Seit vielen Jahrhunderten ist das Geschlecht derer von Waldburg mit der Geschichte des westlichen Allgäus verknüpft. Zahlreiche Schlösser und ausgedehnte Wälder gehören noch heute diesem alten Adel und zeugen vom großen Einflußgebiet früherer Zeiten. Unsere Tour führt uns am prächtigen Stammsitz der Linie Waldburg-Zeil vorbei.

Wir beginnen unsere Tour in **Leutkirch** am Bahnhof und fahren die *Wurzacher Straße* nach links, bis wir rechts der Beschilderung »*Donau-Bodensee-Radweg*« folgen. Über eine Brücke gelangen wir auf einen Dammweg, der parallel zur Bahnlinie verläuft. Wir orientieren uns am weithin sichtbaren Schloß Zeil, fahren rechts auf das Sägewerk zu und erreichen nach Überqueren der A 96 **Unterzeil**. Dieser Ort zu Füßen des Schloßbergs besitzt mit der Pfarrkirche **St. Magnus** (1510–14) innerhalb eines befestigten Kirchhofes eine kleine Wehrkirche. Bemerkenswert ist das schöne Netzgewölbe und die spätgotischen Reliefs der Kirchenväter in dem bemalten Chorgestühl der Neugotik.

Nun geht es bergauf, bis etwa auf der Hälfte des Schloßbergs links ein steiler Forstweg direkt zum **Schloß Zeil** führt. Die hoch gelegene imposante Schloßanlage ist von allen Seiten schon von weitem sichtbar. Inmitten eines großzügigen Parks mit englischem Rasen und gepflegten Blumenrabatten präsentiert sich das Renaissanceschloß mit Schloßkirche als herrschaftlicher Stammsitz der Fürsten Waldburg-Zeil. Deshalb ist es – abgesehen von der Schloßkirche, die auch eine sehr beliebte Hochzeitskirche ist – nicht für die Öffentlichkeit zugänglich. In der Schloßkirche steht der letzte von Joseph Anton Feichtmayer geschaffene Altar, von der ursprünglichen Renaissance-Ausstattung ist hauptsächlich das schöne

11 Von Leutkirch nach Bad Wurzach

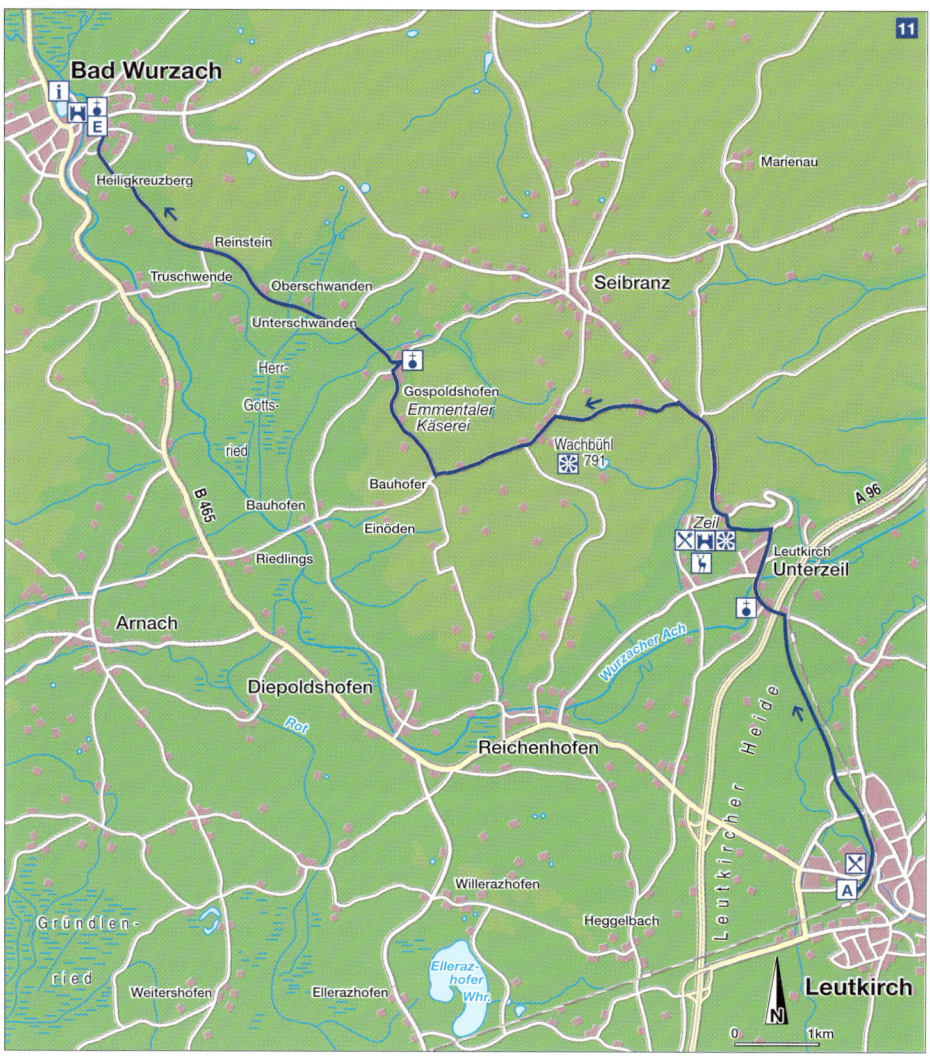

Chorgestühl übriggeblieben. Im Gasthaus *Grüner Baum* kann man eine erste Rast einlegen.
Zurück an der Hauptstraße setzen wir den Weg Richtung *Seibranz* fort (Ww. *R 10*). Wir stoßen auf eine Querstraße und halten uns auf dieser links. Es geht bergab durch einen Laubwald, danach wird es hügelig. Kurz vor dem schon sichtbaren Waldende folgen wir der Beschilderung *Donau-Bodensee-Radweg* in Richtung Starkenhofen.
In **Starkenhofen** biegen wir links ab in Richtung *Bauhofen*. Am Ortsende orientieren wir uns weiterhin an der Beschilderung *Donau-Bodensee-Radweg*. Der

Von Leutkirch nach Bad Wurzach | 11

Jedes Jahr erhält ein anderer moderner Künstler die Gelegenheit, den historischen Marktplatz in Leutkirch mit seinen Skulpturen zu bereichern.

11 Von Leutkirch nach Bad Wurzach

Schloß Zeil, der Stammsitz der Fürsten von Waldburg-Zeil, thront weithin sichtbar über dem Eschachtal und beherrscht die Umgebung mit seiner imposanten Erscheinung.

Weg fällt zuerst ab und steigt dann wieder an. Am Scheitelpunkt, gegenüber einem gut sichtbaren Silo, zweigen wir vor dem Ortsschild Bauhofer/Einöden rechts ab. Das Gelände bleibt hügelig, und kurz vor **Gospoldshofen** geht es mit 13 % Gefälle bergab!
Am Ortsschild wenden wir uns links und dann rechts auf die *Hauptstraße*. Bei Ortsausgang geht es links nach Bad Wurzach. Auf dem folgenden Weg hat man einen weiten Panoramablick auf die Alpen. Wir erreichen die Bundesstraße, überqueren diese und fahren geradeaus nach **Bad Wurzach**. Nach links kann man einen Abstecher zum *Gottesberg* unternehmen, von dem man aus einen schönen Rundblick genießen kann. Die kleine **Wallfahrtskapelle** (1712/13) besitzt eine Heilig-Blut-Reliquie, und am Heilig-Blut-Fest findet dort alljährlich eine Reitersegnung statt. Am zweiten Freitag im Juli zieht hier eine Prozession mit ca. 1600 Reitern auf. An der Hauptstraße beim **Wurzacher Schloß** beenden wir diese Tour.

Radverleih
Leutkirch: Rad-Treff Geser, Brühlstraße 16, Tel. (07561) 42 46; Bahnhof Tel. 26 52.

Übernachtungen unterwegs
Leutkirch: Hotel Linde, Tel. (07561) 24 15 (gehoben); Hotel Post, Tel. (07561) 2401 (mittel). *Bad Wurzach*: Hotel Rössle Tel. (07564) 20 55 (gehoben); Gasthof Adler, Tel. 9 30 30 (mittel).

Einkehrmöglichkeiten
Unterzeil: Gasthaus Grüner Baum (gehobene Küche zu realistischen Preisen, Do. Ruhetag). *Leutkirch*: Gästehaus Lamm (Allgäuer Spezialitäten, vegetarische Gerichte, Biergarten). *Bad Wurzach*: Gasthof Adler (leichte, anspruchsvolle Küche).

Öffnungszeiten
Leutkirch: Museum im Bock Mi 15–18, So. u. Fei. 10–12 u. 14–17 Uhr. *Schloß Zeil*: keine Innenbesichtigung möglich (Privatbesitz). *Bad Wurzach*: Naturschutzzentrum Mo–Fr 9–12, Mo–Do 14–17, So u. Fei 14–17 Uhr; Leprosenhaus: Fr/So/Fei 14–17 Uhr.

Auskunft
D-88299 Leutkirch: Gästeamt, Am Gänsbühl 6, Tel. (07561) 871 54. D-88410 Bad Wurzach: Städtische Kurverwaltung, Mühltorstraße 1, Tel. (07564) 30 21 50.

Kombinationen
Anschluß mit Tour 12 um das Wurzacher Ried.

Landkarten
Rad- und Wanderkarte Oberschwaben Südblatt, 1:50 000, Regio Cart, RV Verlag.

12 Rund um das idyllische Wurzacher Ried

Bad Wurzach – Dietmanns – Knetzenweiler – Unterschwarzach – Bad Wurzach

Ausgangsort
Bad Wurzach, Kurverwaltung.

Zielpunkt
Bad Wurzach, Kurverwaltung.

Gesamttourenlänge
26 km, davon 18 km Asphalt, 8 km Kiesweg.

Zeitbedarf
2 Std. Fahren, 2 Std. Besichtigen.

Etappen
Bad Wurzach – Dietmanns 5 km; Dietmanns – Unterschwarzach 8 km; Unterschwarzach – Haidgau 7 km; Haidgau – Bad Wurzach 6 km.

Steigungen
Zwischen Dietmanns und Unterschwarzach langgezogene Steigung mit 50 Höhenmetern.

Geländestruktur
Am Rand eines der größten noch erhaltenen Hochmoore Europas entlang.

Sehenswertes
Bad Wurzach: Schloß (Barocktreppe, Deckenfresko), Pfarrkirche St. Verena, Kloster Maria Rosengarten, Leprosenhaus mit Siechenkapelle, Naturschutzgebiet Wurzacher Ried.

Varianten
Von Unterschwarzach Abstecher nach Eggmannsried (sehenswertes Trachtenmuseum).

Die Geschichte **Bad Wurzachs** ist untrennbar mit dem alten Geschlecht derer von Waldburg verbunden. Das ehemalige **Schloß** der Grafen Waldburg-Zeil-Wurzach zeugt mit seinen immensen Ausmaßen von Wurzachs ehemaligem Status als Residenzstadt. Heute ist das dreiflügelige Schloß mit zwei Wachpavillons (1723–28) im Besitz der Salvatorianer, die dort ein Gymnasium unterhalten. Das großzügig angelegte **barocke Treppenhaus** mit Deckenfresko ist der Hauptanziehungspunkt. Von dem alten Schloß ist ein Nebenflügel und die Kapelle mit barocker Innenausstattung erhalten. Beeindruckend ist das Sandsteingrabmal des Truchsessen Georgs I., »im hübschen Haar«, der 1467 starb. Sehenswert ist auch die klassizistische Pfarrkirche St. Verena (1775–77) mit einem riesigen Deckenfresko und beherrschendem Hochaltar. Einige der Figuren stammen von dem Wessobrunner Stukkateur Franz Xaver Feichtmayr. Feingearbeiteter Rokokostuck findet sich in dem einstigen **Kloster** Maria Rosengarten. Eines des ältesten Gebäude Bad Wurzachs ist das **Leprosenhaus** mit der Siechenkapelle.

Das nahe gelegene **Wurzacher Ried** entstand durch die Ausschürfungen des Rheingletschers während der Rißeiszeit vor 200 000 Jahren. Die Schmelzwässer der letzten Eiszeit sammelten sich in diesem Becken zu einem See, der im Laufe der Zeit zu verlanden begann. Heute präsentiert sich das Wurzacher Ried aus Hoch- und Niedermooren, mit Streuwiesen und Moorwäldern. Das Wurzacher Ried ist eines der größten noch intakten Hochmoorgebiete Europas und daher von überregionaler Bedeutung. Über 700 Pflanzen- und mehr als 1500 Tierarten sind zu finden. Im *Naturschutzzentrum* kann man sich über das Wurzacher Ried detailliert informieren. Es werden auch Führungen durch das Ried veranstaltet. Von der Kurverwaltung in **Bad Wurzach** fahren wir Richtung Wurzacher Schloß und dann nach dem Gasthaus zum Ochsen

12 Rund um das idyllische Wurzacher Ried

Ein Refugium für Flora und Fauna ist das Wurzacher Ried, das auch für Radler und Wanderer eine naturnahe Erholung in urwüchsiger Moorlandschaft bietet.

rechts in die *Biberacher Straße*. Gleich danach beginnt rechts ein Fahrradweg nach *Dietmanns*, auf den wir einbiegen. Auf einem Kiesweg geht es in den Wald – hier befinden wir uns schon im Wurzacher Ried, wie man an der typischen Vegetation erkennen kann.

Wir gelangen durch leicht hügelige Landschaft in den schönen, von Wiesen umgebenen Ort **Dietmanns**. Dort biegen wir auf der *Dorfstraße* nach der Kirche links ab Richtung Unterschwarzach (Ww. Donau-Bodensee-Radweg). Dieser Beschilderung folgen wir bis *Unterschwarzach*, dabei kommen wir durch die Einöden *Friedlings*, *Menzlis* und *Knetzenweiler*. Nach links hat man einen weiten Blick auf das Ried. Hinter dem Ortsschild **Unterschwarzach** wenden wir uns bei der Raiffeisenbank links nach Haidgau. Wir halten uns wieder an

Rund um das idyllische Wurzacher Ried 12

Dietmanns ist einer der kleinen Orte, die sich rund um das Wurzacher Ried gruppieren. Durch seine schöne Lage im Grünen ist es ein idealer Ausflugsort.

die Beschilderung Donau-Bodensee-Radweg und durchqueren die Weiler *Riedhöfe* und *Ziegolz*.
In *Wengen* fahren wir geradeaus weiter, nicht mehr dem Donau-Bodensee-Radweg folgend. Bei einem Wegkreuz biegen wir links in einen Kiesweg ein, der Teil des Fernwegs Kißlegg – Wolfegg ist. Nun geht es leicht bergab, und wir orientieren uns an der Beschilderung Bad Wurzach. Jetzt radeln wir wieder mitten durchs idyllische Moor. Am Riedrand geht es entlang; danach durchquert man ein Industriegebiet und fährt nach der Oberland Glas AG in die *Oberlandstraße*. Über die *Dr.-Harry-Wiegand-Straße* gelangen wir ins Zentrum von **Bad Wurzach**.

Radverleih
Leutkirch: Rad-Treff Geser, Brühlstraße 16, Tel. (0 75 61) 42 46.

Übernachtungen unterwegs
Bad Wurzach: Hotel Rössle, Tel. (0 75 64) 20 55 (gehoben); Gasthof Adler, Tel. 9 30 30 (mittel).

Einkehrmöglichkeiten
Bad Wurzach: Gasthof Adler (leichte, anspruchsvolle Küche); Hotel Rössle (int. u. schwäbische Küche); Gasthof Zum Ochsen (bürgerl. Küche).

Öffnungszeiten
Bad Wurzach: Naturschutzzentrum Mo – Fr 9 –12, Mo – Do 14 –17, So u. Fei 14 –17 Uhr;. *Leprosenhaus*: Fr/So/Fei 14 –17 Uhr.

Auskunft
D-88410 Bad Wurzach, Städtische Kurverwaltung, Mühltorstraße 1, Tel. (0 75 64) 30 21 50.

Kombinationen
Diese Tour ist Fortsetzung von Tour 11 (Leutkirch – Bad Wurzach).

Landkarten
Deutsche Radtourenkarte, Blatt 33, Hohenzollern – Bodensee, 1 : 100 000; Rad- und Wanderkarte Oberschwaben Südblatt, 1 : 50 000, Regio Cart, RV Verlag.

13 Zwischen den Allgäumetropolen durchs schwäbische Oberland

Wangen – Kißlegg – Leutkirch

 Ausgangsort
Wangen, Bahnhof.

 Zielpunkt
Leutkirch, Kirche.

 Gesamttourenlänge
36 km, alles Asphalt.

 Zeitbedarf
2–3 Std. Fahren. 2 Std. Besichtigen.

 Etappen
Wangen – Kißlegg 24 km; Kißlegg – Leutkirch 12 km.

 Steigungen
100 Höhenmeter zwischen Wangen und Kißlegg.

 Geländestruktur
Leicht hügeliges Gebiet, vorbei an vielen Einödhöfen.

 Sehenswertes
Wangen: s. Tour 7. *Kißlegg*: Altes und Neues Schloß, Pfarrkirche St. Gallus und Ulrich. *Leutkirch*: Rathaus (Stuckdecke im Ratssaal), Museum im Bock, Gartenhaus des Schlößchen Hummelsberg.

 Varianten
Alternative über Gebrazhofen nach Leutkirch.

Vor Kißlegg überrascht inmitten grüner Wiesen dieses mächtige Denkmal. Es erinnert an ein Ereignis von 1907, als Graf Zeppelin hier mit einem seiner Luftschiffe »in Sturm und Not« landete.

Auf kleinen Wirtschaftswegen führt diese Tour leicht hügelig an vielen Einödhöfen vorbei. In aller Stille radelt man durch ausgedehnte Wiesengebiete und kleinere Waldstücke. Der einzige größere Ort auf der Strecke ist Kißlegg.
Am Bahnhof in **Wangen** überqueren wir nach links die Bahngleise und biegen rechts in die *Praßbergstraße* nach Beutelsau. Wir unterqueren die A 96 und radeln eine langgezogene Anhöhe hoch, die bis zu 10 % Steigung hat. Dafür werden wir mit einem schönen Panoramablick belohnt. Wir folgen der Beschilderung *Donau-Bodensee-Radweg* und kommen an mehreren Bauernhöfen mit schön angelegten Bauerngärten und Obstwiesen vorbei. Kurios ist vor **Fischreute** das Denkmal für Graf Zeppelin, der hier in »Sturm und Not« landete. Etwa 2 km danach orientieren wir uns links Richtung Au/Lautersee. Wir treffen bei Bärenweiler auf eine Straße, halten uns rechts und nach den Bahngleisen links. Am Zellersee geht es vorbei und danach hinauf nach **Kißlegg**.

Zwischen den Allgäumetropolen durchs schwäbische Oberland 13

Vor allem im Westallgäu entdecken wir immer wieder kunstvoll geschmiedete Wegkreuze, die von der tiefen Frömmigkeit der Bevölkerung zeugen.

13 Zwischen den Allgäumetropolen durchs schwäbische Oberland

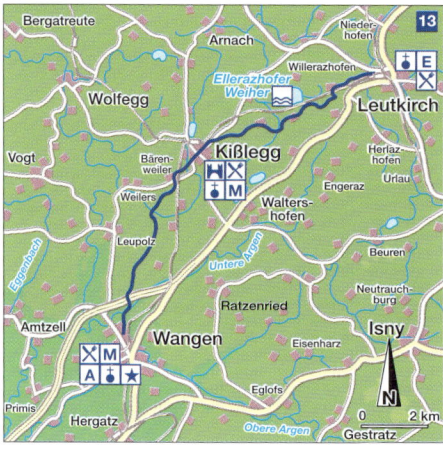

Am Ortsanfang steht das hochgiebelige **Alte Schloß** aus dem 16. Jh., in dem man ein wohl einmaliges Besenmuseum finden kann. Das Schloß selbst ist noch im Privatbesitz der Fürsten von Waldburg-Wolfegg und kann deshalb nur teilweise besichtigt werden. Das **Neue Schloß** (1721–1727) beherbergt heute das Gästeamt und das Museum für expressiven Realismus. Die Festräume im obersten Stockwerk sind von Johannes Schütz stuckiert, beachtenswert sind auch die Nischenfiguren von Joseph Anton Feichtmayer im Treppenhaus. Neben zwei Schlössern und zwei Seen bietet Kißlegg auch zwei Kirchen: die **Pfarrkirche St. Gallus und Ulrich** und die **Spitalkapelle zum Hl. Geist**. Erstere geht auf eine mittelalterliche Basilika zurück, die 1734–38 mit massiven Eingriffen in die Bausubstanz (der alte Chor wurde entfernt) barockisiert wurde. Auch hier war bei den Stuckarbeiten Johannes Schütz am Werk.
Über die *Herrenstraße* und die *Emmelhofer Straße* gelangen wir auf einem Radweg nach *Emmelhofen*. Dort zweigen wir rechts ab (Ww. Leutkirch). Durch die Weiler *Haslach*, *Menslings* und *Kebach* radeln wir nach *Herrot*, ab dem es wieder hügeliger wird. Dafür bezaubert der Blick nach links auf den *Ellerazhofer Weiher*. Wir fahren durch *Weipoldshofen*, nach dem Ort unter der Bahnlinie hindurch und erreichen *Heggelbach*. Hier müssen wir gleich beim Ortseingang rechts einbiegen. Nach dem Dorf queren wir die A96 und die Umgehungsstraße. Durch ein Gewerbegebiet gelangen wir zur Altstadt von **Leutkirch**.

Radverleih
Wangen: Gästeamt, Rathaus, Tel. (07522) 74211; Fahrradhaus Hertkorn, Karlstraße 11, Tel. (07522) 2389, Zweiradhaus Kipper, Am Waltersbühl 15, Tel. (07522) 3529. *Kißlegg*: Zweirad Wenzler, Herrenstraße 24, Tel. (07563) 2330. *Leutkirch*: Gästeamt Leutkirch, Am Gänsbühl 6, Tel. (07561) 87154; Rad-Treff Geser, Brühlstraße 16, Tel. (07561) 4246.

Übernachtungen unterwegs
Leutkirch: Hotel Linde Tel. (07561) 2415 (gehoben); Hotel Post, Tel. (07561) 2401 (mittel).

Einkehrmöglichkeiten
Wangen: Fidelisbäck, Gasthaus Goldenes Kreuz. *Kißlegg*: Gasthaus zur Linde. *Leutkirch*: Gasthaus Lamm, Goldene Krone.

Öffnungszeiten
Wangen: s. Tour 7. *Kißlegg*: Museum Expressiver Realismus, Palmsonntag bis Buß- u. Bettag Di–So 10–17 Uhr; Besenmuseum: Di–Sa 14–17, So 10–12 u. 14–17 Uhr. *Leutkirch*: Museumstüble im Pulverturm Mi 15–18 u. So 10–12 u. 14–17 Uhr.

Auskunft
D-88227 Wangen Gästeamt, Rathaus, Tel. (07522) 74211. D-88353 Kißlegg: Neues Schloß, Tel. (07563) 18131. D-88299 Leutkirch: Gästeamt Leutkirch, Am Gänsbühl 6, Tel. (07561) 87154.

Kombinationen
Ab Kißlegg mit Tour 17 wieder zurück nach Wangen.

Landkarten
Rad- und Wanderkarte Oberschwaben Südblatt, 1:50000, Regio Cart, RV Verlag.

14 Eine romantische Schlössertour nach Wangen

Kißlegg – Wolfegg – Vogt – Amtzell – Wangen

 Ausgangsort
Kißlegg, Schloß.

 Zielpunkt
Wangen, Rathaus.

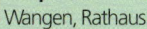 **Gesamttourenlänge**
44 km, davon 3 km Schotter.

 Zeitbedarf
3,5 Std. Fahren, 2 Std. Besichtigen.

 Etappen
Kißlegg – Wolfegg 8,5 km; Wolfegg – Vogt 9 km; Vogt – Amtzell 11,5 km; Amtzell – Wangen 15 km.

 Steigungen
Von Kißlegg leicht bergauf nach Wolfegg; Berg- und Talfahrt nach Amtzell.

 Geländestruktur
Langgezogene Hügelketten bis Schomburg, danach kleinräumige Landschaft.

 Sehenswertes
Kißlegg: Altes und neues Schloß; Pfarrkirche St. Gallus und Ulrich. *Wolfegg*: Schloß, Bauernhofmuseum, Automobilmuseum. *Wangen*: s. Tour 7.

 Zu beachten
Vor Ww. Oberankenreute/Unterankenreute links in den Wald.

 Varianten
Abstecher von Vogt nach Waldburg.

Wir fahren vom **Kißlegger Schloß** die *Schloßstraße* entlang und biegen an den Bahngleisen links ab Richtung Rötenbach/Krumbach. Kurz vor Hahnensteig zweigen wir rechts ab nach *Matzenweiler*. Auf einer kleinen Straße geht es durch liebliches Gebiet, wir durchqueren *Matzenweiler* und haben einen schönen Blick auf die Alpen. Nachdem wir die Bahnlinie überquert haben, radeln wir durch *Grünenberg*, folgen einer alten Allee und erreichen **Wolfegg**.
Wolfegg ist wegen seiner Museen und seiner schönen Lage ein beliebtes Ausflugsziel, nicht nur für Radfahrer. Am harmonischen Dorfplatz mit seinen gepflegten Gebäuden betritt man durch ein eindrucksvolles Portal die rosengesäumte Auffahrt zum **Schloß**, einem mächtigen Renaissancebau. Der prächtige **Rittersaal**, der Bankettsaal und der Bildersaal, alle reich stuckiert, sind heute leider nicht mehr zugänglich. Die ehemalige **Schloßkirche** St. Katharina und Franz von Assisi neben dem Schloß steht noch ganz im Zeichen der ehemaligen Besitzer. Außer den prunkvollen Logen und der Gruftkapelle mit gut gearbeiteten Bildgrabmälern zeugt das große Deckenfresko, eine Darstellung der Stiftung des ehemaligen Klosters durch Graf Johannes von Sonnenberg, Truchseß von Waldburg, von dem Einfluß des Hauses Waldburg. Anziehungspunkt vieler Besucher stellt das **Automobilmuseum** mit mehr als 200 Oldtimern im ehemaligen Stalltrakt des Schlosses dar. Das **Bauernhaus- und Freilichtmuseum** zeigt unterhalb des Schlosses in schöner Lage 13 historische Gebäude, unter anderem das »Fischerhaus« mit seinem schönen Fachwerk (1788), das sich zum Beispiel auch bei einer Einkehr bewundern läßt.
Wir verlassen Wolfegg hinab in Richtung *Vogt*. Von dieser etwas größeren Straße biegen wir in *Grund* ab (Ww. Oberankenreute/Unterankenreute). Kurz vor der Gabelung nach Oberankenreute/Unterankenreute halten wir uns links auf den Wald zu. Dort kommen wir am Hof Bierenstiel vorbei, der eine Anguszucht betreibt. Wir erreichen den Waldrand und genießen die schöne Aussicht auf das Westallgäu. Am Ende des

14 Eine romantische Schlössertour nach Wangen

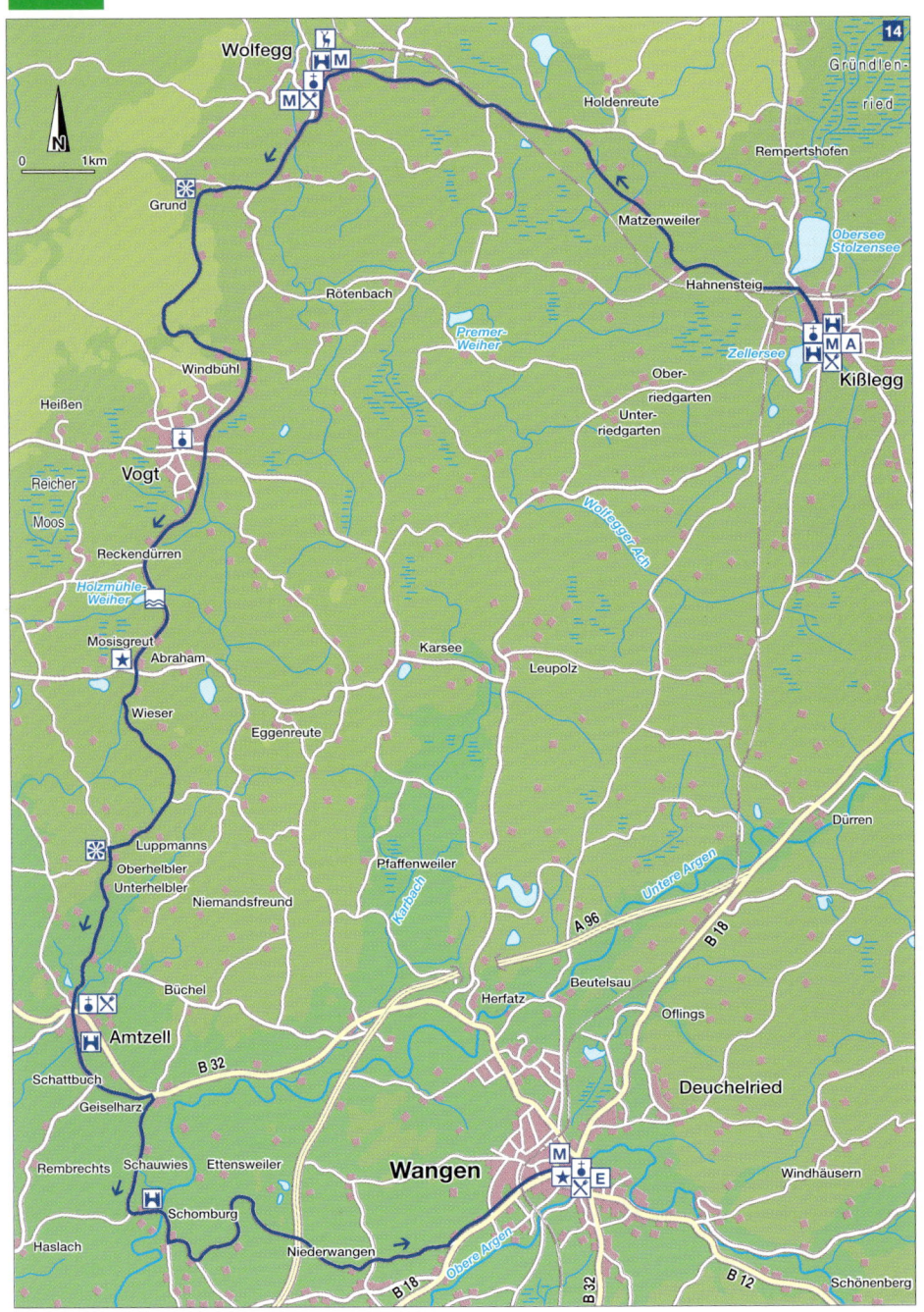

Eine romantische Schlössertour nach Wangen   14

Das große Renaissanceschloß, das sich heute noch in Privatbesitz befindet, ist nur eine der Attraktionen von Wolfegg.

Wegs wenden wir uns nach links, auf die Alpen zu. Danach radeln wir rechts auf *Vogt* zu, das wir in Richtung Reckendürren durchqueren, fahren am *Holzmühleweiher* (Bademöglichkeit) vorbei und bei der folgenden Abzweigung nach *Abraham* parallel zur Hauptstraße weiter. In *Mosisgreut* kann man eine kleine jahrhundertealte Siedlung mit Herrschaftshaus und liebevoll restaurierten Gesindehäusern sehen.

Wieder zurück auf der Hauptstraße, radeln wir bei der nächsten Kreuzung um 50 m nach links versetzt weiter entlang eines großen Baggersees. Wir rollen in ein weitläufiges Tal, in dem wir nach dem Ortsschild *Wieser* eine Einkehrmöglichkeit im Gasthaus »Grüner Baum« finden. Von dessen Terrassenbiergarten hat man einen weiten Blick auf die idyllische Landschaft. Über langgezogene Hügelketten, vorbei an Einödhöfen, gelangen wir nach *Luppmanns*. Dort zeigen sich die hügeligen Formationen in einer harmonischen Staffelung vor dem Alpenpanorama. Hinter Luppmanns biegen wir links ab und rollen hinunter nach **Amtzell**.

14 Eine romantische Schlössertour nach Wangen

Auch bei schönem Wetter sind die Radler auf Nebenstrecken, wie hier vor Matzenweiler, beinahe unter sich und genießen die landschaftlichen Reize des Allgäus.

Am Schloß vorbei verlassen wir den Ort und radeln bis *Schattbuch*. Im Gewerbegebiet Schattbuch/Geiselharz stoßen wir auf eine vielbefahrene Straße, zu der es leider keine Alternative gibt. Wir biegen rechts ab und erreichen *Schomburg*. Über den *Prof.-Alois-Knüpfer-Weg* rollen wir hinab und an einem Sägewerk vorbei über die Untere Argen. Nun folgen wir wieder dem *Donau-Bodensee-Radwanderweg* in Richtung Bühl, der uns über *Ettensweiler* durch eine hügelige Landschaft führt. Vor *Niederwangen* überqueren wir die A 96 und radeln ab hier durch das Tal der Oberen Argen. An Pferdekoppeln vorbei gelangen wir zum Lindauer Tor am Anfang der Altstadt von **Wangen** und durch die Fußgängerzone bis zum Rathaus.

Radverleih
Kißlegg: Zweirad Wenzler, Herrenstraße 24, Tel. (07563) 2330. *Wangen*: Gästeamt, Rathaus, Tel. (07522) 74211; Fahrradhaus Hertkorn, Karlstraße 11, Tel. 2389; Zweiradhaus Kipper, Am Waltersbühl 15, Tel. 3529.

Übernachtungen unterwegs
Amtzell: Gasthof Zum Schloß, Tel. (07520) 6213. *Wolfegg*: Gasthof Zur Post, Tel. (07527) 6852.

Einkehrmöglichkeiten
Kißlegg: Gasthaus zur Linde, Gasthof Ochsen, Gasthof Blumenwiese (vegetarische Küche). *Wolfegg*: Gasthaus Fischerhaus beim Bauernhausmuseum. *Amtzell*: Gasthaus Stern (Gartenwirtschaft). *Wangen*: Fidelisbäck, Gasthaus Goldenes Kreuz.

Öffnungszeiten
Kißlegg: Museum Expressiver Realismus, Palmsonntag bis Buß- u. Bettag Di–So 10–17 Uhr. *Wolfegg*: Bauernhausmuseum: Di–So 10–17 Uhr, Automobilmuseum: Mo–Sa 9–12, 13–18 Uhr, So 9–17 Uhr

Auskunft
D-88353 Kißlegg: Gäste- und Kulturamt, Neues Schloß, Tel. (07563) 936-142. D-88279 Amtzell: Gästeamt im Rathaus, Tel. (07520) 95012. D-88364 Wolfegg, Wolfegg Information, Tel. (07527) 9601-51; D-88227 Wangen Gästeamt, Rathaus, Tel. (07522) 74211.

Kombinationen
Mit Tour 9 hinab nach Lindau.

Landkarten
Rad- und Wanderkarte Oberschwaben Südblatt, 1:50000, Regio Cart, RV Verlag.

15 Vom schönen Rothachtal ins Argental

Weiler – Ellhofen – Gestratz – Malleichen – Syrgenstein – Weiler

 Ausgangsort
Weiler, Kirche.

 Zielpunkt
Weiler, Kirche.

 Gesamttourenlänge
27 km, davon 24 km Asphalt, 3 km Kiesweg.

 Zeitbedarf
3 Std. Fahren. 1 Stunde Besichtigen.

 Etappen
Weiler – Ellhofen 5 km; Ellhofen – Röthenbach 3 km; Röthenbach – Syrgenstein 8 km; Syrgenstein – Weiler 11 km.

 Steigungen
100 Höhenmeter hinauf bis Ellhofen, 70 Höhenmeter hinab bis Röthenbach, 100 Höhenmeter hinauf nach Ellhofen und danach hinab bis Weiler.

 Geländestruktur
Hügelig bis bergig im Allgäuer Endmoränengebiet.

 Sehenswertes
Weiler: schönes Allgäuer Dorf, Heimatmuseum, »Erratischer Block« (einer der größten Findlinge Europas). *Gestratz*: Kirche mit Fresken. *Syrgenstein*: Schloß.

 Zu beachten
Vorsicht bei der Überquerung der B 308: unübersichtliche Kreuzung und schneller Kfz-Verkehr.

 Varianten
In Eglofstal Abstecher über die B 12 nach Eglofs.

Weiler im Allgäu präsentiert sich als typisches Allgäuer Dorf; der Kirchplatz bietet ein gelungenes Ensemble aus Kirche, Rathaus und Wirtschaften. **Rathaus, Kornhaus- und Heimatmuseum** tragen an den Fensterläden noch die rot-weißen Farben Österreichs, das Weiler erst 1806 unter Napoleon an Bayern abgetreten hat. Ein Besuch in den beiden Museen vermittelt einen lebendigen Eindruck in die wechselvolle Geschichte der Bauern- und Handwerkstradition. Der fast mannshohe Augustuskopf neben dem Gasthof Zur Traube ist allerdings kein römischer Fund: Dieser wurde anläßlich der 1100-Jahrfeier effektvoll im Hausbach »aufgefunden«. Er kann beim Steinmetz Pfanner, der ihn gehauen hat, käuflich erworben werden! Lohnenswert ist auch ein Besuch der Sennerei Bremenried, wo man würzigen Bergkäse und den eigens erfundenen Bremenrieder Käse probieren kann. Die Kunst des Käsemachens hat in Weiler lange Tradition, hier wurde auch der erste **Allgäuer Emmentaler** hergestellt. Früher gab es sogar eine eigene Sennereischule, in der die Käseherstellung von A bis Z gelehrt wurde. Wanderfreunde können am Pfarrhaus vorbei die romantische Hausbachklamm hoch bis ins Trogener Moor wandern.

Vom *Kirchplatz* aus fahren wir über die Brücke rechts die *Hauptstraße* hoch und bei der Sparkasse links. Den stillgelegten Bahnhof in Weiler lassen wir rechts liegen, biegen in die *Kristinusstraße* Richtung Freibad und kommen am Steinwerk Rudolph vorbei. Beim Zurückschauen können wir den Blick aufs Rothachtal genießen. Am Freibad vorbei gelangen wir auf einen Kiesweg, der uns durch ein kleines Wäldchen zur Staatsstraße 2001 führt. Kurz davor können wir einen Abstecher zum **erratischen Block** machen, einem der größten Eiszeitfindlinge Europas. Wir kommen nun auf die Staatsstraße und wenden uns nach links. In *Ellhofer Moos* biegen wir an einem kleinen Brunnen rechts ab, nach ca. 400 m überqueren wir die Alpenstraße (Vorsicht, unübersichtliche Stelle!) in Richtung Ellhofen. Nach

15 Vom schönen Rothachtal ins Argental

einem kleinem Wäldchen eröffnet sich auf dem Anstieg nach Ellhofen rechts eine wundervolle Aussicht auf das Rothachtal mit dem Schweizer Altmannmassiv im Hintergrund. Wir erreichen nun das malerisch gelegene Dorf **Ellhofen**.

Wer eine erste Rast einlegen oder einfach ein historisches Gasthaus besichtigen möchte, der fährt rechts an der Kirche vorbei zum *Gasthof Adler*. Dieses 1570 errichtete Gebäude war früher ein Amtshaus des Deutschritterordens. Wir verlassen kurz nach der Kirche die Hauptstraße rechts in die *Osterholzstraße.* Hier fahren wir geradeaus durchs Osterholz und werfen noch einen letzten Blick zum benachbarten Bergrücken, um anschließend nach **Röthenbach** hinabzusausen.

An der Kirche orientieren wir uns links Richtung Ortsausgang. Im Talgrund biegen wir rechts ab Richtung Oberschmitten. Am *Röthenbach* entlang radeln wir durch das abgeschiedene Tal. Hier kann man sehr gut die terrassenfömigen Abstufungen an den Hügeln erkennen,

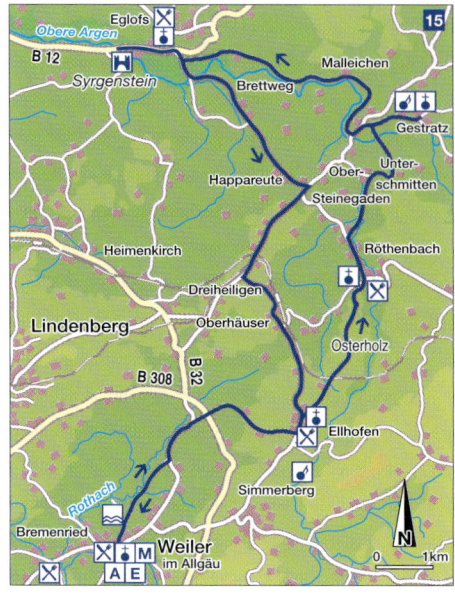

die durch das quer zum Hang grasende Milchvieh entstanden sind. Wir durchqueren *Oberschmitten,* ein kleines im Flußtal gelegenes Örtchen. Hinter der Brücke

Deutlich ist an diesem Gehöft in Unterschmitten die traditionelle bauliche Aufteilung zwischen Wohngebäude und anschließender Stallung zu erkennen.

Vom schönen Rothachtal ins Argental 15

Die Farbgebung der Fensterläden am Rathaus in Weiler zeugt noch heute von der ehemaligen Zugehörigkeit des Ortes zu Österreich.

über die Obere Argen steuern wir rechts auf **Gestratz** zu.
Die **Pfarrkirche** dort ist mit Fresken aus dem 15.Jh. geschmückt, die erst 1935 freigelegt wurden.
Nun kehren wir auf demselben Weg zurück bis zur großen Straße, an der wir zuerst nach links abbiegen und gleich wieder rechts in Richtung *Malleichen* fahren. Dort angelangt, lädt das *Gasthaus Malleichen*, ein beliebtes Ziel von Radlern, zur Einkehr. Am Gasthaus vorbei fahren wir durch ein Wäldchen in Richtung Eglofs. Wieder auf offenem Gelände, erhaschen wir einen ersten Blick auf Schloß Syrgenstein. In *Eglofstal* müssen wir auf die B12 ausweichen, um den steilen Anstieg links nach *Syrgenstein* in Angriff nehmen zu können.
Schloß Syrgenstein befindet sich, wie viele andere Schlösser in dieser Gegend, auch heute noch im Besitz der Familie Waldburg-Zeil. Der weiße, weithin strahlende Bau geht auf das 15. Jh. zurück. Bauherr war ein Allgäuer Patrizier, der für seine Künste als kaiserlicher Küchenmeister geadelt wurde. Die heutige Form des Schlosses steht seit der Erweiterung von 1737. Das Innere des Schlosses ist nicht zugänglich.
Nach der Besichtigung des Innenhofs radeln wir wieder zurück nach *Eglofstal*, der B12 nach rechts folgend, und fahren nach der Argen links in Richtung *Brettweg*. Über *Happareute* geht es bergauf bis *Steinegaden*. Dort halten wir uns rechts und fahren auf der großen Straße geradeaus. Nach der Baywa biegen wir links ab nach *Oberhäuser*. Am Bahnhof Röthenbach vorbei gelangen wir nach *Ellhofen*. Von dort geht es auf dem selben Weg zurück nach **Weiler**.

Radverleih
Weiler: Greiners Radlladen, Tel. (0 83 87) 32 83; Sportgeschäft Pult 30 43.

Übernachtungen unterwegs
Weiler:Hotel Post, Tel. (0 83 87)10 70 (mittel), Gasthof zum Kreuz, Tel. 4 45 (mittel). *Ellhofen*: Gasthof Adler, Tel. (0 83 84)372 (mittel); *Röthenbach*: Café Pension Baldauf, Tel. (0 83 84) 3 96.

Einkehrmöglichkeiten
Weiler: Hotel Post, Gasthaus Traube. *Ellhofen*: Adler. *Röthenbach*: Café Pension Baldauf. *Malleichen*: Gasthaus Malleichen.

Öffnungszeiten
Weiler: Heimatmuseum u. Kornhausmuseum Mi, Sa u. So 10 – 12, Di/Mi/Do/Sa 14.30 – 17 Uhr. *Syrgenstein*: nur Außenbesichtigung (Privatbesitz).

Auskunft
D-88171 Weiler: Kur- und Gästeamt, Hauptstraße 14, Tel. (0 83 87) 3 91-50. D-88167 Röthenbach: Rathaus, Tel. (0 83 84)18 16.

Kombinationen
Von Weiler nach Oberstaufen mit Tour 16 entlang der Salzstraße.

Landkarten
Rad- und Wanderkarte Oberschwaben Südblatt, 1 : 50 000, Regio Cart, RV Verlag.

16 Hinauf ins Voralpenland nach Oberstaufen

Weiler – Simmerberg – Stiefenhofen – Zell – Genhofen – Oberstaufen

Ausgangsort
Weiler, Kirchplatz.

Zielpunkt
Oberstaufen, Kirche.

Gesamttourenlänge
21 km, davon 14 km Asphalt, 3 km Kiesweg.

Zeitbedarf
3 Std. Fahren. 2 Std. Besichtigen.

Etappen
Weiler – Simmerberg 3 km; Simmerberg – Stiefenhofen 7 km; Stiefenhofen – Zell 4 km; Zell – Genhofen 3km; Genhofen – Oberstaufen 4 km.

Steigungen
Teilweise starke Steigungen, hinter Stiefenhofen 15 % Gefälle.

Geländestruktur
Sehr bergige Tour durch das Allgäuer Voralpenland.

Sehenswertes
Weiler: Heimatmuseum, Kornhausmuseum. *Simmerberg:* Pfarrkirche (gotische Muttergottes). *Stiefenhofen:* Kirche. *Zell:* Kapelle St. Bartholomäus (Fresken). *Genhofen:* St. Stephan (mystische vorchristliche Bemalung, Hufeisentür).

Zu beachten
15 % Gefälle hinter Stiefenhofen; gute Bremsen erforderlich!

Varianten
Direkt von Buflings nach Oberstaufen, ohne die interessante Kirche in Genhofen zu besuchen.

Diese Tour verläuft entlang der **alten Salzstraße**, genauer der Oberen oder Tiroler Salzstraße. Das Salz wurde von Hall aus Tirol über das Thannheimer Tal, Oberstaufen, Weiler und Scheidegg bis nach Lindau transportiert. Von dort wurde es weiter in die Schweiz, Frankreich und Spanien gehandelt. Lange Zeit war der Salzhandel ein bedeutender Wirtschaftszweig für das ganze Allgäu, von dem vor allem Lindau profitierte. Gleichzeitig war die Salzroute auch ein Pilgerweg, deshalb finden sich hier mehrere sehenswerte Kapellen und Kirchen, z. B. in Genhofen.

Vom Kirchplatz in **Weiler** geht es am Heimatmuseum und am Gasthaus zur Traube vorbei aus dem Ort heraus. Nach einigen hundert Metern folgen wir rechts der Abzweigung nach *Simmerberg*. Nun verläuft neben der Straße ein Radweg bis nach **Simmerberg.** Bis dorthin müssen wir wegen der Anstiege kräftig in die Pedale treten. In Simmerberg besteht die Möglichkeit zur Einkehr in der Bräustatt-Taverne, einer liebevoll eingerichteten Gaststätte mit hauseigener Brauerei und gutem Bier. Die **Pfarrkirche** beherbergt eine gotische Muttergottes aus Kalkstein um 1330, die nach dem Abbruch der Kirche von Mehrerau bei Bregenz hierher gerettet wurde. Über die Ortschaft *Nagelshub* mit schönen Ausblicken auf die Nagelfluhkette, den Hochgrat und den Balzer Berg rollen wir hinab und biegen links ab nach *Stiefenhofen*. Anschließend müssen wir hinaufradeln und erreichen *Balzhofen*, inmitten eines Tals mit Hochmoorlandschaft gelegen. Es geht hinab Richung *Mittelhofen*, doch zuvor erreichen wir den Weiler *Rutzhofen*, in dem man nach links einen kleinen Abstecher zur Sennerei Rutzhofen machen und köstliche Allgäuer Milcherzeugnisse genießen kann.

Von *Mittelhofen*, das wir anschließend ansteuern, haben wir nochmals einen umfassenden Panoramablick. Wir gelangen nach *Stiefenhofen*, das eine interessante Kirche aufzuweisen hat. Links am Gotteshaus vorbei geht es weiter in

Hinauf ins Voralpenland nach Oberstaufen — 16

Richtung Isny und gleich nach der Kirche rechts ab in die Schulstraße (Ww. *Jungensberg*). Wir sausen nun den Berg von *Oberthalhofen* nach *Unterthalhofen* hinab – mit bis zu 15 % Gefälle! Dort angekommen, biegen wir beim Gasthof Rössel rechts ab auf den Wanderweg *Trabers-Gschwend*. Auf dieser schönen Strecke geht es unter der Bahnlinie hindurch zu einer größeren Straße, von der man dann links in einen Kiesweg (Ww. *Zell/Buflings*) einbiegt.

Wir fahren durch eine gänzlich abgeschiedene Flußniederung der Oberen Argen, umsäumt von bewaldeten Hügelketten. Am Talausgang erklimmen wir nach links einen Hügel (Ww. Zell/Buflings). Oben angelangt, genießen wir den weiten Blick auf den Hochgrat und die Allgäuer Berge.

Im Inneren der schlichten Kirche von Genhofen befinden sich mystische Bemalungen, die auf vorchristliche Symbole zurückgehen.

16 Hinauf ins Voralpenland nach Oberstaufen

Am Talausgang der Oberen Argen erfreut uns dieses verträumte Arrangement von Bäumen und Bauernhof, wie man es heute nur noch selten antrifft.

An schönen und mächtigen Einödhöfen vorbei rollen wir nach **Zell** zu der sehenswerten Kirche *St. Bartholomäus*, in der Fresken und der Choraltar von Hans Strigel d. Ä. (um 1450) zu bewundern sind. Anschließend geht es geradeaus weiter nach *Buflings*.
Hier biegen wir rechts ab nach **Genhofen** und radeln hinauf zur dortigen Kirche *St. Stephan*. Die von außen unscheinbare Kirche verblüfft im Inneren durch drei prächtige gotische Flügelaltäre. Am meisten überrascht die vieldeutige Ausmalung, deren vorchristliche Symbole in Rötel und Schwarz sogar den Kunsthistorikern Rätsel aufgeben. Teilweise erinnern die Bemalungen an prähistorische Bildvorstellungen. Zu sehen sind Kreuze, Drudenfüße, Hakenkreuze und Tierdarstellungen. Auch ein Wappen der Grafen von Montfort ist in die Ornamentik eingebunden. Die Innentür ist von oben bis unten mit Hufeisen beschlagen, die von den hier durchreisenden Fuhrleuten angebracht wurden.
Wir radeln wieder zurück nach *Buflings*, wenden uns nach rechts und rollen hinunter nach **Oberstaufen**. Hier biegen wir links auf den Fahrweg, folgen der *Hauptstraße*, wenden uns nach einer Brücke links in die *Lindauer Straße* und gleich danach rechts in die Fußgängerzone.

Radverleih
Weiler: Greiners Radlladen, Tel. (0 83 87) 32 83; Sportgeschäft Pult, Tel. 30 43. *Oberstaufen:* Bahnhof, Tel. (0 83 86) 329; Olli's Bikeshop, Tel. 40 18.

Übernachtungen unterwegs
Weiler: Hotel Post, Tel. (0 83 87) 10 70 (mittel). *Simmerberg:* Gasthaus Krone, Tel. (0 83 87) 10 46 (mittel). *Oberstaufen:* Zum Adler, Tel. (0 83 86) 9 32 10 (gehoben).

Einkehrmöglichkeiten
Weiler: Hotel Post, Gasthaus Traube. *Simmerberg:* Bräustatt-Taverne (Erlebnisbrauerei). *Oberstaufen:* Gasthof Adler; Gasthof Am Rathaus.

Öffnungszeiten
Weiler: Heimatmuseum u. Kornhausmuseum Mi, Sa u. So 10 – 12, Di/Mi/Do/Sa 14.30 – 17 Uhr. *Sennerei Rutzhofen:* Mo – Sa 7 – 11.30 Uhr u. 17.30 – 19.30 Uhr, So u. Fei 7 – 8 Uhr u. 18 – 19.30 Uhr.

Auskunft
D-88171 Weiler: Kur- und Gästeamt, Hauptstraße 14, Tel. (0 83 87) 3 91-50. D-87528 Oberstaufen: Kurverwaltung, Hugo-von-Königsee-Straße 8, Tel. (0 83 86) 93 00-0.

Kombinationen
Fortsetzung mit Tour 17 entlang des Alpsees nach Immenstadt.

Landkarten
Rad- und Wanderkarte Oberschwaben Südblatt, 1:50 000, Regio Cart, RV Verlag.

17 Entlang der alten Salzroute nach Immenstadt

Oberstaufen – Knechtenhofen – Immenstadt

 Ausgangsort
Oberstaufen, Bahnhof.

 Zielpunkt
Immenstadt, Marienplatz.

 Gesamttourenlänge
20 km, davon 19 km Asphalt, 1 km Kiesweg.

 Zeitbedarf
2 Std. Fahren. 1 Stunde Besichtigen.

 Etappen
Oberstaufen – Knechtenhofen 4 km; Knechtenhofen – Immenstadt 16 km.

 Steigungen
60 Höhenmeter hinab, im wesentlichen eben.

Geländestruktur
Entlang der Konstanzer Ach auf der klassischen Salzhandelsroute nach Immenstadt nördlich des Alpsees.

 Sehenswertes
Oberstaufen: St. Peter und Paul. *Knechtenhofen:* s'Huimatle (Bauernhausmuseum). *Immenstadt:* ehemaliges Stadtschloß, Mariensäule.

 Varianten
Abstecher zur Kirche St. Stephan in Genhofen (2 km, steiler Anstieg über den Hahnschenkel). Abstecher über die B 308 nach Thalkirchdorf (1km).

Auch diese Tour verläuft, wie die vorherige, entlang der alten Salzstraße. Der Weg am Alpsee ist eine beliebte Promeniermeile von Immenstadt. Hier tummelt sich an sonnigen Tagen – meist ohne sich gegenseitig zu stören – ein buntes Gemisch aus Spaziergängern, Mountainbikern und Familienradlern.
Vom Bahnhofsausgang in **Oberstaufen** gesehen fahren wir links eine kleine Straße parallel zur Bahnlinie nach *Hinterstaufen*. Dabei unterqueren wir zweimal die Alpenstraße. Im Talgrund angelangt, verläuft der Weg zwischen der Bahnlinie und der Bundesstraße weiter Richtung Immenstadt. Auf einer Ahornallee geht es bis **Knechtenhofen**. Hier steht **s'Huimatle**, ein altes Allgäuer Bauernhaus mit Holzschindeldach, ein sogenanntes »gestricktes« Bauernhaus. Bei dieser Holzbauweise sind sämtliche Verzapfungen oder »Verstrickungen« der Balken auf schmuckvolle Art sichtbar. Traditionell ist auch der Holderbusch am Haus und davor der Bauerngarten mit Gewürzpflanzen und Sonnenblumen.

Wir fahren weiter Richtung *Thalkirchdorf*, durchqueren den kleinen Ort *Wiedemannsdorf* und orientieren uns an der Beschilderung Radwanderweg 7. Entlang der ehemaligen Salzstraße, die auch heute noch diesen Namen trägt, radeln wir geradeaus weiter. Man hält sich immer an die Beschilderung *Kempten/Immenstadt/Sonthofen*. Die Gegend wird mooriger, Schilfgras und Libellen sind zu sehen. Vor uns erblicken wir schon den markanten Grünten mit dem Sendemast. Danach erblickt man zum ersten Mal den tiefblauen

Dieses in seiner Ursprünglichkeit erhaltene alte Bauernhaus in Knechtenhofen ist jetzt ein Museum, s´Huimatle genannt.

17 Entlang der alten Salzroute nach Immenstadt

Alpsee, an dem man nun entlangradelt. Wunderbar ist es im Sommer, ein erfrischendes Bad inmitten der grünen Bergkulisse zu nehmen. Aber Vorsicht, der Alpsee ist ein sehr kühler See! Durch *Treblings* hindurch geht es nach *See* und weiter nach *Bühl*. Hier überqueren wir gleich nach dem Ortsschild die Eisenbahnlinie und biegen am Restaurant *Zur Alten Schmiede* links ab in den *Badeweg*. Dieser ruhige Schleichweg führt durch eine Allee am *Kleinen Alpsee* vorbei nach Immenstadt. Nach dem Bahnhof wenden wir uns links und gelangen so zum malerischen *Marienplatz*, dem Zentrum von **Immenstadt**.

In der Abenddämmerung legt sich ein romantischer Zauber über die Hügelketten des Allgäus.

Radverleih
Oberstaufen: Bahnhof, Tel. (0 83 86) 3 29; Olli's Bikeshop, Tel. 40 18.

Übernachtungen unterwegs
Oberstaufen: Zum Adler, Tel. (0 83 86) 9 32 10 (gehoben). *Treblings:* Landhaus Hagenauer, Tel. (0 83 23) 88 34 (günstig). *Immenstadt:* Drei König, Tel. (0 83 23) 86 28 (mittel); Goldner Adler, Tel. 5 14 28.

Einkehrmöglichkeiten
Wiedemannsdorf: Gasthof Hotel Alte Post. *Immenstadt:* Goldner Adler.

Öffnungszeiten
Oberstaufen: Heimatmuseum im Strumpferhaus, Mo–Sa 10–12 u. 14–17 Uhr. *Knechtenhofen:* s'Huimatle (Bauernhausmuseum) Mi 14–17 u. So 10–12. *Immenstadt:* Heimatmuseum Hofmühle, Di/Mi 14–17, Do 17–20, Fr. 9–11, So 15–18 Uhr.

Auskunft
D-87528 Oberstaufen: Kurverwaltung, Hugo-von-Königsegg-Straße 8, Tel. (0 83 86) 9 30 00. D-87509 Bühl am Alpsee: Gästeamt, Seestraße 5, Tel. (0 83 23) 9 14 17 86. Immenstadt: Gästeamt, Marienplatz 3, Tel. (0 83 23) 91 41 76 u. 1 94 33.

Kombinationen
Mit Tour 20 entlang der Iller nach Kempten; mit Tour 24 nach Hindelang.

Landkarten
ADFC-Radtourenkarte 1:150 000, Blatt 25, Bodensee/Schwäbische Alb.

Oberallgäu

18 Von Oberstdorf hinauf ins Stillachtal

Oberstdorf – Birgsau – Schwand – Oberstdorf

 Ausgangsort
Oberstdorf, Bahnhof.

 Zielpunkt
Oberstdorf, Bahnhof.

 Gesamttourenlänge
20 km, davon 10 km Asphalt, 10 km Kies.

 Zeitbedarf
2 Std. Fahren. 2 Std. Besichtigen; Wanderausflug zum Freibergsee 1 Std.

 Etappen
Oberstdorf – Birgsau 10 km; Birgsau – Schwand 4 km; Schwand – Oberstdorf 6 km.

 Steigungen
125 Höhenmeter von Oberstdorf bis Birgsau. Starkes Gefälle ab Schwand zur Stillach (100 Höhenmeter, teilweise mehr als 10 %).

 Geländestruktur
Im Stillachtal leicht aufwärts, danach hügelig am Rand des Tals; zurück mit steiler Abfahrt von Schwand zur Stillach.

 Sehenswertes
Oberstdorf: Lorettokapellen, Seelenkapelle; Fellhornbahn, Flugschanze. In der Umgebung: Breitachklamm.

Zu beachten
Schmaler Weg von der Fellhornbahn bis Schwand. Steile Abfahrt hinter Schwand mit mehr als 12 % Gefälle, gute Bremsen nötig!

Varianten
Von Birgsau auf gleichem Weg entlang der Stillach zurück nach Oberstdorf. Ausflug von Schwand zum idyllischen Freibergsee und zum Turm der Schisprungschanze.

Zwei Täler führen von Oberstdorf nach Süden ins Gebirge, und beide lassen sich – umgeben von wunderbaren Bergkulissen – gut durchradeln: das Trettachtal im Osten und das Stillachtal im Westen. Oberstdorf selbst befindet sich bereits inmitten der Alpen. Mit der Seilbahn kann man auf das Nebelhorn (2224) und auf das Fellhorn (2037) gelangen, wo sich ein beeindruckendes Bergpanorama entfaltet. Eine weitere Natursehenswürdigkeit liegt nicht weit von Oberstdorf entfernt: die Breitachklamm. Das kleine Flüßchen Breitach hat sich hier im Lauf der Zeit einen tiefen Weg durch das Gestein gebahnt.

Der Ort **Oberstdorf** brannte 1865, als er schon ein beliebter »Sommerfrischort« war, fast komplett ab. So erklärt sich auch, daß die Pfarrkirche im neogotischen Stil erbaut wurde. Im Inneren sind noch einige alte Plastiken zu sehen, darunter eine Madonna im Strahlenkranz von 1490. Am interessantesten ist die neben der Pfarrkirche gelegene **Seelenkapelle**, die 1524 zum ersten Mal erwähnt wird. Früher war sie das Beinhaus und stand mitten im Friedhof, heute ist sie Kriegergedenkstätte. An der Nordwand befinden sich Fresken, die sehr an oberbayerische oder Tiroler Lüftlmalereien erinnern, nur sind die Malereien an der Seelenkapelle wesentlich älter – sie stammen aus der Mitte des 16. Jh.

Wir verlassen die Fußgängerzone nach Süden in die *Birgsauerstraße*. Nach dem Ortsende liegen zur Linken malerisch die drei mit Schindeln gedeckten Kapellen von **Loretto**. Die erste, älteste und niedrigste der drei Kapellen ist die **Appachkapelle**, die im Inneren noch einen schönen spätgotischen Freskenzyklus aufweist. Dieser zeigt Szenen aus der Heilsgeschichte sowie Evangelisten, Kirchenväter und

18 Von Oberstdorf hinauf ins Stillachtal

Gegenüber den Lorettokapellen in Oberstdorf steht dieses prächtige Haus, das mit reichem, farbenfrohem Blumenschmuck einen reizvollen Anblick bietet.

Von Oberstdorf hinauf ins Stillachtal 18

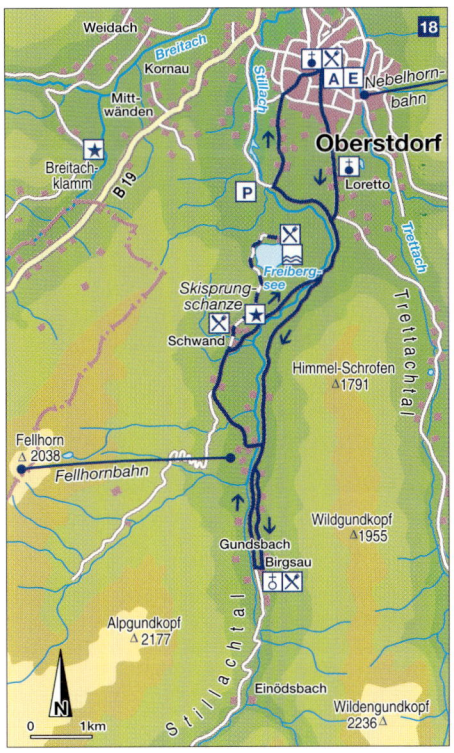

Märtyrer. Die sich anschließende **Marienkapelle** wurde 1657 erbaut, als die Appachkapelle für die zahlreichen Wallfahrer zu klein wurde. Durch einen Gang mit der Marienkapelle verbunden ist die dritte und größte der Kapellen, die **Josephskapelle**. Sie wurde 1671 als Heiliggrabkapelle geplant. Sehenswert ist hier ein barocker Palmesel, der aus der Pfarrkirche im Ort stammt. Schräg gegenüber sollte auch das stattliche, in der traditionellen Bauweise errichtete Haus nicht übersehen werden.

Etwa 300 m nach den Lorettokapellen zweigen wir links in die *Scheibenstraße* ab. An jungen Obstbäumen vorbei radeln wir auf einem kleinen asphaltierten Weg mit beeindruckendem Blick auf das Gebirgspanorama. An der folgenden Kreuzung fahren wir geradeaus; nach links ginge es in das östlich gelegene Trettachtal. Auf einem Kiesweg, beidseitig bestanden von einer schönen Allee mit Spitz- und Bergahornen, radeln wir gemütlich bis zur geteerten Querstraße. Diese überqueren wir und fahren vor der *Holzbrücke* links auf einen weiteren Kiesweg.

Der Weg orientiert sich zuerst am Flüßchen Stillach, dann etwas abseits davon, und wir gelangen zu einer Teerstraße, an der ein Kiesweg auf der rechten Seite verläuft. Unter einer Lawinengalerie hindurch erreicht man eine Kreuzung, auf der es rechts zur *Fellhornbahn* geht. Hier bietet sich, eventuell auch auf dem Rückweg, eine Gondelfahrt auf das **Fellhorn** an, von dem aus man einen wunderbaren Blick auf die imposanten Alpen genießen kann. Wir radeln geradeaus weiter auf dem Teerweg, der für den Autoverkehr gesperrt ist. Leicht bergauf geht es bis nach Birgsau, zu dem wir wenige Meter nach links abbiegen. **Birgsau** ist ein beliebtes Ausflugsziel (mit eigener Bushaltestelle). Am Alpengasthof Birgsau wenden wir uns nach links und radeln auf einem Kiesweg das Tal wieder abwärts. Der Weg ist zwar für Radfahrer zur Benutzung gestattet – sollten jedoch viele Wanderer unterwegs sein, empfiehlt es sich, auf der Teerstraße wieder zurückzufahren. So oder so, man radelt bis zum Parkplatz der Fellhornbahn hinunter und hier über die Brücke der Stillach. An der **Fellhornbahn** geht es rechts vorbei. Nun wird der weitere Verlauf etwas hügeliger und der Weg schmaler. Wir orientieren uns an der Beschilderung Flugschanze und erreichen das Alpengasthaus Schwand.

Von hier kann man einen Abstecher zum Absprungturm der Heini-Klopfer-Skisprungschanze und zum **Freibergsee**

75

18 Von Oberstdorf hinauf ins Stillachtal

Bildstöcke und weidende Kühe geben hier hinter Oberstdorf ein idyllisches Bild ab, das typisch für das Allgäu ist.

machen (2,2 km), der zum Baden einlädt. An seinem Ufer kann man in einem der Cafés Rast einlegen. Der Weg dorthin ist sehr steil, so daß es sich nicht empfiehlt, die Strecke mit dem Fahrrad zurückzulegen (außer für trainierte Mountainbiker). Zudem sind hier viele Wanderer unterwegs.
Wir fahren vor dem Alpengasthof Schwand rechts auf den Teerweg. Dieser fällt danach in mehreren Kurven etwa 1 Kilometer steil hinab (Gefälle mehr als 10 %) und kommt unten direkt an der *Heini-Klopfer-Skisprungschanze* heraus (Sesselliftanlage). Nach dem Parkplatz geht links ein Kiesweg leicht hinab, und führt, gesäumt von Bergahornen, an der anderen Seite der Stillach entlang. Anschließend überqueren wir nochmals die Stillach wieder und fahren die breite Teerstraße nach links. Dann hält man sich geradeaus Richtung Golfplatz (nicht nach links in Richtung Oberstdorf). Wir erreichen das autofreie Ortszentrum und beenden die Tour in einem Biergarten.

Radverleih
Oberstdorf: Hasselberger, Hauptstraße 7, Tel (0 83 22) 44 67; Heckmair, Bachstraße 8, Tel. 22 10; Kreitner, Fischerstraße 8, Tel. 35 33; Seeweg, Oststraße 16, Tel. 48 67.

Übernachtungen unterwegs
Birgsau: Alpengasthaus, Tel.(0 83 22) 40 36-37. *Oberstdorf:* Hotel Traube, Tel. (0 83 22) 46 48; Zum Kachelofen, Kirchstraße 3, Tel. 56 91.

Einkehrmöglichkeiten
Oberstdorf: Hotel Traube (mit bayerischem Biergarten). *Birgsau:* Alpengasthaus Birksau. *Schwand:* Alpengasthof.

Öffnungszeiten
Oberstdorf: Heimatmuseum, Mo – Sa 10 – 12 u. 14 – 17 Uhr; *Nebelhornbahn:* Tel. (0 83 22) 96 00-96; *Fellhornbahn:* Tel. (0 83 22) 30 35.

Auskunft
D-87553 Oberstdorf: Kurverwaltung, Marktplatz, Tel. (0 83 22) 700-0.

Kombinationen
Fortsetzung nach Immenstadt mit Tour 19.

Landkarten
Landkreis Oberallgäu, Radwege, 1:75 000, Verlag Alfred Beron.

19 Von Oberstdorf nach Immenstadt

Oberstdorf – Fischen – Sonthofen – Immenstadt

 Ausgangsort
Oberstdorf, Bahnhof.

 Zielpunkt
Immenstadt, Bahnhof.

 Gesamttourenlänge
29 km, davon 19 km Asphalt, 10 km Kiesweg.

 Zeitbedarf
3 Std. Fahren. 2 Std. Besichtigen.

 Etappen
Oberstdorf – Fischen 10 km; Fischen – Sonthofen 10 km; Sonthofen – Immenstadt 9 km.

 Steigungen
Zwischen Oberstdorf und Fischen hügelig am Talrand entlang.

 Geländestruktur
Bis Fischen am Rand des Illertals, dann direkt am Ufer der Iller.

 Sehenswertes
Oberstdorf: Lorettokapellen, Seelenkapelle. Vor *Fischen:* Burgkirche von Schöllang (schönste Aussicht). *Immenstadt:* Marienplatz.

 Varianten
Ebenere Variante von Oberstdorf bis Fischen entlang der Iller.

Der erste Teil des *Illerradwegs* beginnt in dem beliebten Ausflugs- und Kurort Oberstdorf am südlichen Ende des Radwegs. Wir beginnen unsere Tour an der Pfarrkirche in **Oberstdorf**, gleich neben dem Marktplatz, und radeln über die *Oststraße* in die *Metzgerstraße*. Anschließend folgen wir der Beschilderung »Nebelhornbahn« nach rechts hoch. Links zweigt der B-19-Zubringer nach Sonthofen ab.

An der Trettach radeln wir entlang, bis es nach rechts über eine Brücke geht. Gleich danach halten wir uns links. Hier gibt es zwei Möglichkeiten: den gekiesten Rad/Fußweg entlang der Iller oder den geteerten Weg Richtung Schöllang/Rubi. Wir nehmen letzteren, der sich später in einem Kiesweg fortsetzt. Im weiteren Verlauf durch die Allgäuer Weiden muß man auch ab und zu ein Gatter öffnen und schließen, um den Weg fortsetzen zu können. Wir folgen der Beschreibung Fischen. Nach einem Steig geht es links hinab nach **Rubi**, wir öffnen zwei Gatter und nehmen einen kleinen Wanderweg, bis wir wieder auf den Kiesweg treffen. Hier geht es rechts hoch, und auf einem Kiesweg gelangt man bis kurz vor Reichenbach, wo man sich in dem kleinen Wald geradeaus hält. Wir stoßen auf die vielbefahrene Straße und biegen nach rechts auf **Reichenbach** zu. Im Ort, in dem noch einige schöne alte Bauernhäuser stehen, sollte man es nicht versäumen, die Kapelle St. Jakob zu besuchen. Denn hier befindet sich ein beeindruckender spätgotischer Altar von 1495 mit einer über einen Meter hohen Madonna und vier sie umgebenden, kleineren Standfiguren.

Der Grünten ist durch seine markante Gestalt und die Sendeanlage ein weithin sichtbares Wegzeichen.

19 Von Oberstdorf nach Immenstadt

Malerisch erheben sich die Sonnenblumen in der Herbstsonne vor einem alten Bauernhaus in Reichenbach.

Beim Gasthaus »Zum Hirschen« wenden wir uns links hinab Richtung Fischen. Wir rollen abwärts und biegen unten nach rechts ein. Gleich danach führt ein Fußweg hinauf zur **Burgkirche von Schöllang**, die auf einem Steilhang hoch über der Iller thront. Der etwa viertelstündige Aufstieg wird mit einem prachtvollen **Rundblick** auf das Rubihorn, das Nebelhorn und die Oberstdorfer Berge belohnt. Die Kirche selbst stammt aus dem 15. Jahrhundert und besitzt eine barocke Innenausstattung.

Wir radeln unterhalb der Burgkirche weiter und rollen hinab nach Au, das schon zum auf der anderen Illerseite gelegenen **Fischen** gehört. Hier verläuft direkt an der rechten Seite des Flusses der Illerweg entlang. Auf dem Kiesweg radelt es sich sehr angenehm, Schautafeln erklären Besonderheiten der Iller. Nach rechts hat man einen schönen Blick auf die Wiesen, die Gemeinden mit ihren weithin sichtbaren Kirchen wie zum Beispiel Altstätten und auf die hoch aufragenden Berge.

Bei einem Sportplatz erreichen wir **Sonthofen**. Nach rechts kann man in den Ort einbiegen, der vor allem zu einer erholsamen Rast einlädt. Kunsthistorisch hat der Ort in dieser malerischen Umgebung nach den schweren Zerstörungen im Zweiten Weltkrieg wenig zu bieten. Wir fahren weiter, unterqueren die B 19 und radeln an der Allgäu-Schwimmhalle und dem Sonthofener See vorbei in den mit Sonthofen zusammengebauten Ortsteil *Rieden*. Hier überqueren wir die Iller und setzen unseren Weg auf der anderen Seite fort. Auf einem Kiesweg durch schattigen Auwald halten wir uns dicht an der Iller. Anschließend unterqueren wir eine Eisenbrücke und erreichen den *Inselsee*. Ab

Von Oberstdorf nach Immenstadt 19

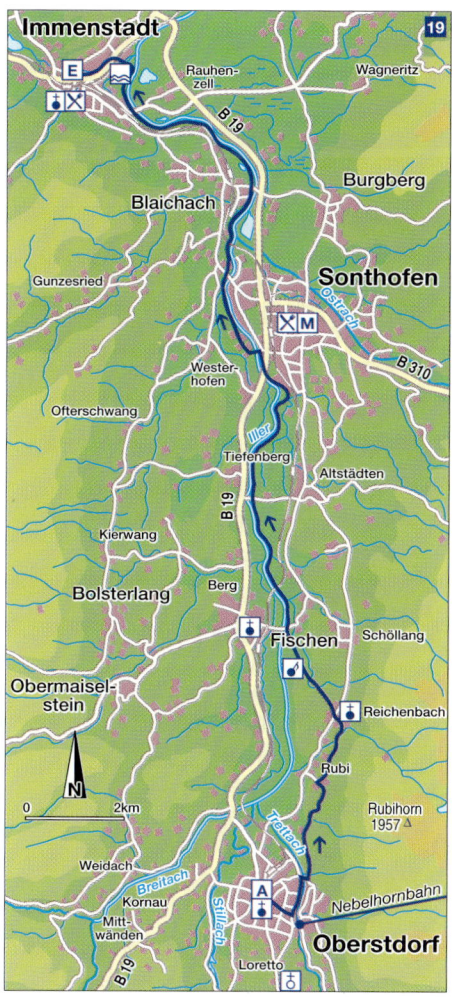

hier ist der Weg geteert. Wir orientieren uns an der Beschilderung Immenstadt/Zentrum und biegen vom Illerweg ab, passieren das Hallenbad, unterqueren in einer Röhre die Bahnlinie, fahren links und stoßen auf die Hauptstraße, die uns nach rechts zum Marienplatz mitten in **Immenstadt** bringt.
Immenstadts Attraktion bildet seine idyllische Lage am Großen und Kleinen Alpsee. Leider führte das zu einigen weniger attraktiven Neubauten, die sich nicht gerade vorteilhaft im Stadtbild präsentieren. Der zentrale Marienplatz mit der Mariensäule von 1773 wird von dem ehemaligen Stadtschloß der Grafen von Königsegg-Rotenfels, dem Rathaus mit Zwiebeltürmchen und der Pfarrkirche St. Nikolaus, deren Hauptteil aus dem Beginn unseres Jahrhunderts stammt, eingerahmt. Der Klostergarten liegt idyllisch an der Stelle eines ehemaligen Klosters.

Radverleih
Oberstdorf: Hasselberger, Hauptstraße 7, Tel (0 83 22) 44 67; Heckmair, Bachstraße 8, Tel. 22 10; Kreitner, Fischerstraße 8, Tel. 35 33; Seeweg, Oststraße 16, Tel. 48 67.

Übernachtungen unterwegs
Fischen: Allgäuer Hof, Tel. (0 83 26) 5 44 (mittel); Krone, Tel. 2 87 (mittel).

Einkehrmöglichkeiten
Reichenbach: Zum Hirschen. *Fischen:* Gasthof Krone; Allgäuer Hof.

Öffnungszeiten
Oberstdorf: Heimatmuseum, Mo–Sa 10–12 u. 14–17 Uhr. *Fischen:* Fischinger Schimuseum im Kurhaus, Führungen Mi 17.30 Uhr. *Immenstadt:* Heimatmuseum Hofmühle Di/Mi 14–17, Do 17–20, Fr 9–11, Sa 10–13 Uhr.

Auskunft
D-87553 Oberstdorf: Kurverwaltung, Marktplatz, Tel. (0 83 22) 700-0. D-87527 Sonthofen: Gästeamt, Rathausplatz 1; Tel. (0 83 21) 6 15-2 91 u. 2 92. D-87538 Fischen: Kurverwaltung, Am Anger 15, Tel. (0 83 26) 18 15. D-87509 Immenstadt: Gästeämter Marienplatz 3 und Seestraße 5, Tel. (0 83 23) 8 04-81 u. -83.

Kombinationen
Mit Tour 20 und 21 kann von Oberstdorf bis Memmingen der Illerradweg durchgängig befahren werden.

Landkarten
Landkreis Oberallgäu, Radwege, 1:75 000, Verlag Alfred Beron.

20 An Einödhöfen entlang des Illertals

Immenstadt – Martinszell – Kempten

 Ausgangsort
Immenstadt, Marienplatz.

 Zielpunkt
Kempten, Rathausplatz.

 Gesamttourenlänge
28 km, davon 17 km Asphalt, 11 km Kiesweg.

 Zeitbedarf
2 Std. Fahren. 1 Std. Besichtigen.

 Etappen
Immenstadt – Martinszell 11 km; Martinszell – Kempten 17 km.

 Steigungen
Insgesamt geht es 50 Höhenmeter hinab.

 Geländestruktur
Bis Martinszell eben entlang der Iller, dann leicht hügelig am Illertalrand.

 Sehenswertes
Immenstadt: s. Tour 19. *Martinszell:* Kirche. *Kempten:* s. Tour 21.

 Zu beachten
Der Weg entlang der Iller ab St. Mang bis Kempten ist sehr schmal und für Kinder nicht zu empfehlen.

 Varianten
Über Martinszell nach Niedersonthofen und entlang des Niedersonthofener Sees und der Iller nach Kempten (Ww. Elchroute).

Auch die zweite Tour auf dem *Illerradweg* führt über grüne Wiesen und kleine Weiler durch das pittoreske Allgäu. Dabei hat man nach Süden einen bezaubernden Blick auf das hier breite Illertal und die Alpenkette.
In **Immenstadt** geht es vom Marktplatz zur Bahnlinie, vor der Bahnlinie links und nach 150 m rechts durch die Röhre. Gleich danach biegen wir links ein, fahren an der Bahnlinie entlang, bis uns eine kleine Brücke über die *Ach* führt (Ww. Kempten). Kurz danach erreichen wir das Illerufer und radeln zwischen dem Fluß und der Bahnstrecke entlang. Anschließend wird das Gelände offener, links sehen wir die Kirche von *Stein*. In einem großen Bogen radeln wir auf dem Damm einen Kiesweg entlang, der später in einen geteerten Weg übergeht. Vor Sondert treffen wir auf die Bundesstraße und fahren an dieser auf einem Radweg entlang, bis es rechts nach **Sondert** abgeht. Im Ort halten wir geradeaus Richtung **Martinszell**. Dort ist in die barock ausgestatte Kirche **St. Martin** zu besichtigen, in deren südlicher Seitenkapelle ein hochbarocker Gnadenaltar (um 1700) steht. Bei den ersten Häusern von Martinszell geht es rechts wieder zur Iller (Ww. Widdum/Häuser). Wir überqueren diese und biegen gleich danach, beim Gasthaus Illerbrücke, in Richtung Sulzberg links ab. Es geht leicht hügelig am Rande des breiten Illertals entlang. Weithin ist das Geläute der Kuhglocken zu hören. Wir kommen

In der Gegend von Ried stößt man auf zahlreiche alte Bauernhöfe, wie diesen mit typischer Scheunenauffahrt und obligatorischem Holzstapel.

An Einödhöfen entlang des Illertals 20

In der Fußgängerzone von Kempten erhebt sich das zierliche Rathaus, ein alter Bau mit sehenswertem Sitzungssaal.

20 An Einödhöfen entlang des Illertals

Auf einem Radweg geht es bis *Graben* und danach auf der Straße geradeaus weiter nach *St. Mang*, das bereits zu Kempten gehört. In St. Mang biegen wir am *Café/Restaurant Pfänder* links ein in die *Fabrikstraße*. Auf dieser gelangen wir hinab zum *E-Werk* an der Iller und über eine Eisenbrücke auf die andere Flußseite. Nach rechts führt ein schmaler, ungeteerter Weg etwas hügelig direkt an der Iller entlang. Unter der großen Betonbrücke angelangt, fahren wir *links hinauf* und gleich wieder rechts. Über die *Kesslerstraße* rollen wir hinab bis zum *Weißen* Tor am Beginn der Altstadt von **Kempten**. Geradeaus geht es zum *Rathausplatz*.

Radverleih
Immenstadt: Zweirad Riescher, Tel. (0 83 23) 96 60. *Kempten:* Radsport Socher, Lindauer Straße 54, Tel. (08 31) 2 93 88; Hauptbahnhof, Tel. 1 94 19.

Übernachtungen unterwegs
Martinszell: Zum Adler, Tel. (0 83 79) 2 07 (mittel); Illerbrücke, Tel. 3 18 (günstig). *Immenstadt:* Hotel Hirsch, Tel. (0 83 23) 62 18 (mittel); Dreikönig, Tel. 86 28 (mittel)

Einkehrmöglichkeiten
Martinszell: Gasthaus Illerbrücke. *Oeschle:* Gasthaus Seerose.

Öffnungszeiten
Kempten: s. Tour 21.

Auskunft
D-87509 Immenstadt: Gästeämter Marienplatz 3 und Seestraße 5, Tel. (0 83 23) 91 41 76 u. -7. Martinszell unter D-87448 Waltenhofen: Verkehrsamt Erholungsgebiet Niedersonthofener See, Immenstädter Straße 7, Tel. (0 83 03) 79-0. D-87435 Kempten: Verkehrsverein, Rathausplatz 24, Tel. (08 31) 25 25-2 37.

Kombinationen
Fortsetzung entlang der Iller nach Memmingen mit Tour 22.

Landkarten
Landkreis Oberallgäu, Radwege, 1:75 000, Verlag Alfred Beron.

auf diesem Weg durch die Weiler *Widdum*, *Ried b. Ottacker* und *Hub*, in denen noch schöne alte Bauernhäuser mit prächtigem Blumenschmuck stehen. Nach der Sage soll unterhalb Ottackers die Stadt Loia gestanden haben, die durch ein gewaltiges Illerhochwasser unterging. Hinter dem Weiler *Burgratz* biegen wir links hinab in Richtung Autobahn/Kempten. In *Öschle* gelangen wir auf eine größere Straße, biegen nach links auf den Radweg und gleich wieder rechts ab, der Radbeschilderung nach Kempten folgend. Vor der Kapelle von *See* am idyllischen *Öschlesee* (Bademöglichkeit) halten wir uns links. Wir unterqueren die Autobahn und folgen weiterhin der Beschilderung nach Kempten.

21 Von Kempten nach Altusried

Kempten – Krugzell – Altusried – Heiligkreuz – Kempten

Ausgangsort
Kempten, Touristikinformation.

Zielpunkt
Kempten, Touristikinformation.

Gesamttourenlänge
35 km, davon 23 km Asphalt, 12 km Kiesweg.

Zeitbedarf
3 Std. Fahren. 2 Stunden Besichtigen.

Etappen
Kempten – Krugzell 14 km, Krugzell – Altusried 7 km, Altusried – Heiligkreuz 10 km; Heiligkreuz – Kempten 4 km.

Steigungen
Kurzer steiler Anstieg ab dem Freibad von Altusried.

Geländestruktur
Am Illerufer eben entlang bis Altusried, danach leicht hügelig über die einsame Hochfläche.

Sehenswertes
Kempten: Archäologischer Park Cambodunum, St. Lorenzkirche (früher Barock), Residenz, Orangerie. *Altusried*: St. Blasius und Alexander, Flachs- und Käsereimuseum. *Heiligenkreuz*: Wallfahrtskirche.

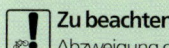
Zu beachten
Abzweigung des kleinen Kieswegs entlang der Iller nach der Nordbrücke. Vor Krugzell zwischen Betonwerk und Kläranlage rechts hinunter zur Iller abzweigen.

Varianten
Von Altusried an der Iller weiter nach Illerbeuren.

Kempten bietet sich als eine der größeren Städte des Allgäus auch als Ausgangspunkt mehrerer Touren in das Umland an. Allein aufgrund seiner zahlreichen Sehenswürdigkeiten aus mehreren Jahrhunderten sollte man sich etwas Zeit für einen Stadtbummel nehmen.

Die Gründung Kemptens, wie auch sein Name, gehen auf die keltische Besiedlung zurück. Bereits um das Jahr 18 wurde Kempten durch den griechischen Geographen Strabon erwähnt. Neben Augsburg (Augusta Vindelicorum) und Regensburg (Castra Regina) war Kempten (Cambodunum) eine der bedeutendsten Siedlungen in der römischen Provinz Raetien. Nach den Alemanneneinfällen 259/260 wurde die Stadt auf die andere Illerseite verlegt; deshalb befindet sich der Archäologische Park heute auf der rechten Flußseite. Die Mönche Magnus und Theodor gründeten um 740 die erste Missionszelle, aus der sich 752 ein Kloster entwickelte. 1289 wird Kempten Reichsstadt und 1525 durch den Großen Kauf, bei dem die Stadt die grundherrlichen Rechte des Klosters ablöst, endlich freie Reichsstadt. Im Dreißigjährigen Krieg wird das reformierte Kempten schwer getroffen: Mit Unterstützung der Kaiserlichen und der Schweden werden die Stadt und das Stift zerstört.

Die ältesten Teile der Stadt findet man in dem **Archäologischen Park Cambodunum**, in der Ausgrabungen der alten römischen Garnison Cambodunum zu sehen sind, die der Stadt ihren Namen gab. Der Name Cambodunum ist jedoch keltisch und bedeutet »krummer Berg«. Von der wechselvollen Geschichte der Stadt im Mittelalter zeugen nur wenige Bauten – zuviel wurde im Dreißigjährigen Krieg zerstört. Das malerische **Illertor** wurde 1992, gute hundert Jahre nach seinem Abbruch, nach alten Vorlagen wieder aufgebaut. Sehenswert sind der stimmungsvolle Rathausplatz mit zahlreichen Cafés um das freistehende Rathaus im Neurenaissancestil, der St.-Mang-Platz

21 Von Kempten nach Altusried

Am malerischen Illerufer lädt eine einsame Kiesbank vor Krugzell zum Verweilen und zu einem erfrischenden Bad ein.

mit gleichnamiger Kirche, die prächtige Anlage der **Residenz** mit fürstlichen Gemächern, Hofkanzlei, Hofgarten und Orangerie sowie die dazugehörige **St.-Lorenz-Kirche**. Diese ist der erste große Kirchenneubau in Süddeutschland nach den Zerstörungen im Dreißigjährigen Krieg. Das Innere präsentiert sich in einem weißen, ornamentalen Frühbarock, der sehr streng und etwas düster wirkt. Im Chorgestühl sind stimmungsvolle Landschaftsbilder aus Stuckmarmorintarsien (Scagliola) angebracht. Ein hochgotisches, fast lebensgroße Astkreuz (um 1350) hängt unter der Westempore.

Vom Verkehrsamt in **Kempten** fahren wir nach Norden und kommen an den Resten der Stadtmauer vorbei. Gegenüber geht es in den *Weidacher Weg*, der uns zur Iller bringt. An Schrebergärten vorbei radeln wir weiter, unterqueren nach 2,5 km die Nordbrücke und biegen gleich danach rechts ab in einen schmalen Kiesweg, der an der Iller verläuft, vorbei an einem Reitstall. Der weitere Weg verläuft sehr abgeschieden am Illerufer entlang. Wir passieren ein Betonwerk und müssen danach wieder rechts hinab zur Iller abbiegen. Der Kiesweg bringt uns bis unterhalb von **Krugzell**, dann geht es kurz hoch in den Ort. Dort steht das mächtige *Gasthaus zum Hirschen*, das einst der Meierhof des Stifts Kempten war und bereits 1451 erwähnt wurde. Wir radeln an der Kirche vorbei und rollen danach hinab. Etwa 300 m nach Ortsende biegen wir bei

Von Kempten nach Altusried 21

einer Kapelle und einer daneben stehenden alten Eiche links in den Kiesweg (Vorsicht beim Überqueren der Straße!). Man erreicht wieder den Illerdamm, der etwas zugewachsen, aber noch befahrbar ist. Wir treffen auf die Straße nach Altusried, radeln 200 m nach rechts und verlassen die Straße nach rechts Richtung **Biberschwang**. In dem idyllischen Tal, über das die Kirche von Reichertsried zu thronen scheint, biegt man an der Weggabelung links hoch in den Wald. Nun geht es kurzes Stück steil bergauf. Wir fahren auf dem Radweg an der Straße nach rechts, bis nach links ein Schild zum *Freibad* führt. Wir rollen hinab (dabei haben wir einen guten Blick auf das hochgelegene Altusried) und fahren dann rechts hinauf in den Ort.

In der Ortschaft **Altusried** kann man sich im Käserei- und Flachsmuseum über diese für das Allgäu sehr wichtigen Wirtschaftszweige informieren. Die Käseherstellung hat in Altusried eine lange Tradition, denn bereits um die Jahrhundertwende gab es mehr als 70 Käsereien in der Umgebung. Noch heute werden ca. 35 Tonnen Käse hergestellt – täglich! In der **Pfarrkirche** St. Blasius und Alexander sind gute Stukkaturen zu sehen, sowie eine beeindruckende frühbarocke Kanzel.

Vom hochgelegenen Ort rollen wir wieder hinab zum *Freibad* und biegen dort links ab, der grünen Beschilderung Allgäuradweg nach (Ww. Völken/Thannen). Nun geht es steil bergauf; oben angelangt, fahren wir nach links, am Waldrand entlang (Ww. Wolfen). Nachdem man einen

Altusried ist seit Generationen ein Zentrum der Käseherstellung. Das Käserei- und Flachsmuseum gibt einen guten Einblick in die wirtschaftliche Entwicklung des Allgäus.

21 Von Kempten nach Altusried

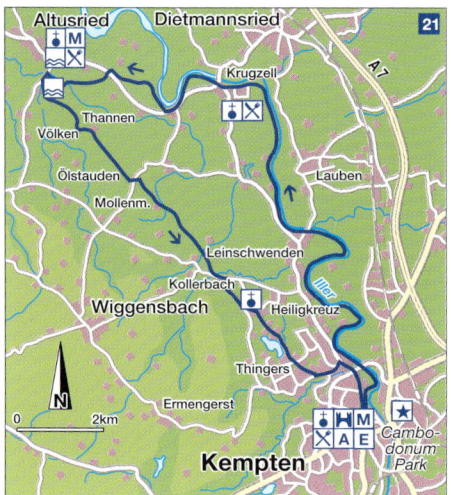

Die *Heiligkreuzer Straße* führt uns weiter hinab Richtung Kempten, wir bleiben auf ihr, auch wenn diese einen Rechtsknick macht. Wir erreichen die *Memminger Straße*, wenden uns rechts über die *Rottach* und gelangen so ins Zentrum und zur Residenz von Kempten.

Radverleih
Kempten: Hauptbahnhof Tel. (08 31) 1 94 19; Radsport Socher, Lindauer Straße 54, Tel. 2 93 88. *Altusried*: Verkehrsamt, Tel. (0 83 73) 70 51

Übernachtungen unterwegs
Krugzell: Gasthaus zum Hirsch, Tel. (0 83 74) 57 38 (mittel). *Altusried*: Gasthaus zum Bären, Tel. 33 33 (mittel). *Kempten*: Hotel Fürstenhof, Rathausplatz 8, Tel. (08 31) 2 53 60 (gehoben); Hotel-Restaurant Haslacher Hof, Immenstädter Straße 74, Tel. 2 40 26 (mittel); Hotel-Gasthof Waldhorn, Steufzger Straße 80, Tel. 83 61 (mittel).

Einkehrmöglichkeiten
Krugzell: Gasthaus zum Hirschen. *Altusried*: Gasthaus zum Bären (im Zentrum, gehobene Allgäuer Küche), Landgasthaus Zur fröhlichen Aussicht.

Öffnungszeiten
Kempten: Residenz (Fürstensaal, Prunkräume), Führungen Mai – Dez Di – So 10, 11, 14, 17 Uhr, Okt-Mai Sa 14 Uhr, Tel. (08 31) 25 63 21; Römische Sammlung Cambodunum, Residenzplatz 31, Di – So 10 – 16 Uhr. Naturwissenschaftliche Sammlungen zur Geologie und Biologie im Allgäu, Residenzplatz 31 (Zumsteinhaus), Di – So 10 – 16 Uhr. Archäologischer Park Cambodunum, Di – So 10 – 17 Uhr. *Altusried*: Käserei- und Flachsmuseum Mo – Fr 9 – 12 u. Mo/Di/Do/Fr 14 – 18 Uhr, Sa 9 – 12 Uhr. *Illerbeuren*: Schwäbisches Bauernhofmuseum: Di – So 9 – 18 Uhr.

Auskunft
D-87435 Kempten: Verkehrsverein, Rathausplatz 24, Tel. (08 31) 25 25-237. D-87452 Altusried: Verkehrsamt, Hauptstraße 18, Tel. (0 83 73) 70 51.

Kombinationen
Nach Kempten führen die Touren 20 entlang der Iller von Immenstadt und 2 von Memmingen.

Landkarten
Radwanderkarte Oberallgäu/Kempten, 1 : 75 000, Zumstein Verlag.

alten Schindelhof und eine Kapelle passiert hat, biegt man nach links. Es geht auf einer Hochfläche durch eine sehr abgeschiedene Gegend. In *Ölstauden* treffen wir auf den *Radweg 18.* Dieser Beschilderung folgen wir nach links. Wir erreichen *Wolfen* und halten uns hier geradeaus. An kleinen Höfen führt uns der Weg vorbei bis nach *Kollerbach*. Hier stoßen wir auf eine vielbefahrene Straße, auf der man nach links den Kollerbach überquert und gleich danach zwischen zwei Häusern hindurch rechts in einen kleinen Weg einbiegt.
In Heiligkreuz wenden wir uns nach links und rollen in raschem Tempo an der Pfarr- und **Wallfahrtskirche Heiligkreuz** vorbei, die für den kunsthistorisch Interessierten jedoch durchaus eine Besichtigung wert ist. Sie wurde 1711 bis 1769 anstatt einer Holzkapelle errichtet, die an ein Blutwunder erinnerte. Im Sommer 1691 sollen fünf Personen bei der Feldarbeit dort fünf Blutquellen entdeckt haben. Die Blutsäule im Inneren der Kirche zeugt heute von diesem Wunder.

22 Zur Wallfahrtskirche Maria Steinbach

Kempten – Altusried – Maria Steinbach – Illerbeuren – Memmingen

Ausgangsort
Kempten, Tourismusamt.

Zielpunkt
Memmingen, Altstadt.

Gesamttourenlänge
50 km, davon 37 km Asphalt, 13 km Kiesweg.

Zeitbedarf
3 – 4 Std. Fahren. 3 – 4 Stunden Besichtigen.

Etappen
Kempten – Altusried 20 km; Altusried – Maria Steinbach 14 km; Maria Steinbach – Illerbeuren 3 km; Illerbeuren – Memmingen 13 km.

Steigungen
Geringe Steigungen hinter Altusried.

Geländestruktur
Entlang des mäandrierenden Illertals.

Sehenswertes
Kempten: Archäologischer Park Campodunum, St. Lorenzkirche (früher Barock), Residenz, Orangerie. *Maria Steinbach*: Wallfahrtskirche. *Illerbeuren*: Schwäbisches Bauernhausmuseum.

Varianten
Abstecher zu Fuß zum malerischen Illerdurchbruch und zur Ruine Burg Kalden.

Einen Teil der Etappe entlang des Illertalwegs haben wir schon auf der Tour nach Altusried zurückgelegt. Wir folgen zunächst der Beschreibung von Tour 21. Vor **Altusried** fahren wir nach links der Beschilderung *Freibad* nach. Man saust hinab und fährt anschließend wieder hoch in den Ort. Am *Käsereimuseum* geht es geradeaus vorbei, und wenn die Straße einen Linksknick macht, halten wir uns weiter geradeaus in die *Kaltener Straße*. Etwa 1 km außerhalb von Altusried gelangt man an ein Feldkreuz zwischen zwei mächtigen Bäumen – hier nehmen wir den linken Weg. Es geht erst etwas hoch und dann hinab in ein kleines Tal. Von hier kann man zu Fuß eine Wanderung zum malerischen **Illerdurchbruch** und zur **Burgruine Kalden** unternehmen. Wir überqueren den Bach Richtung Streifen/Betsers. Nach 1,5 km geht es rechts ab Richtung Legau/Würms/Fluhmühle. Wir rollen hinab, fahren ein kleines einsames Tal entlang und erreichen die idyllische *Neumühle* (16. Jh.), die in einem tiefen und dunklen Einschnitt liegt. Es geht kurz und steil hoch; oben ange-

Mächtig ragt die berühmte Wallfahrtskirche Maria Steinbach ins Illertal. Hier sind noch viele alte und neue Votivtafeln zu bewundern.

22 Zur Wallfahrtskirche Maria Steinbach

langt, wenden wir uns nach links (Ww. grünes Radsymbol). Auf dieser größeren Straße durchqueren wir *Krug*, *Moos* und *Ebersberg*. Bei *Haid* biegen wir rechts ab Richtung Kaltsbronn/Hub/Kreutz. Wir können aber auch die 2 km bis nach Legau fahren, um die am Ortsanfang stehende **Wallfahrtskirche Maria Schnee** zu besuchen. Es geht etwas aufwärts und an der folgenden Kreuzung links ab nach *Kaltsbronn*. Nach einem kleinen Stück durch den Wald sieht man vor sich schon die **Wallfahrtskirche von Maria Steinbach**.
Der ockerfarbene Barockbau mit seiner doppeltürmigen Fassade ist weithin sichtbar. Er löste 1749 einen spätbarocken Vorgängerbau ab, der eine wundertätige Madonnenfigur beherbergte, die zahlreiche Pilger anlockte. Die für Schwaben typische Wandpfeilerkirche besitzt eine reiche Innenausstattung mit Wessobrunner Stuck und Fresken. Die Gewölbefresken in den Seitenräumen stellen die Wunder der Steinbacher Madonna dar. Größter Schatz der Kirche sind seine über 1600 Votivtafeln, die nicht alle in der Kirche Platz gefunden haben und auch im Pfarrhof und der Sakristei aufbewahrt werden.
Wir setzen unseren Weg unterhalb der Wallfahrtskirche fort und fahren beim Landgasthof Löwen links hoch und biegen anschließend rechts ab (Ww. Lautrach).

Auf kleinen abgeschiedenen Kieswegen radelt man geruhsam entlang des Illerufers von Kempten nach Krugzell.

Zur Wallfahrtskirche Maria Steinbach 22

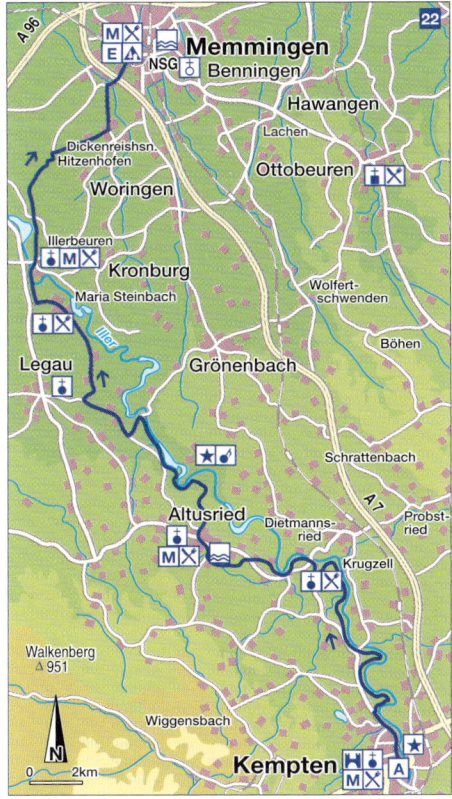

Vor der größeren Straße, auf die man nach ca. 3 km stößt, zweigt rechts ein Radweg ab – auf diesem gelangt man durch den Wald und dann über eine Brücke nach **Illerbeuren**, in dem das *Schwäbische Bauernhofmuseum* steht. Wir halten uns im Ort links und dann rechts an die Beschilderung *Grönenbach/Dickenreishausen*. Anschließend folgen wir links der Beschilderung *Kardorf*. Auf dieser kleinen Straße geht es an der Illerstaustufe vorbei. In *Kardorf* fahren wir an der malerisch gelegenen Dorfkirche geradeaus, also rechts von ihr, weiter. Wir durchqueren *Hinteratzhofen* und biegen nach dem Ort rechts ab (Ww. Memmingen). Nun geht es in der Ebene entlang bis nach *Bugsach-Hart*. Hier fahren wir auf der Hauptstraße links und nach ca. 200 m rechts in den *Alten Postweg*. Auf diesem Weg rollen wir leicht hinab und treffen am Ende des *Alten Postwegs* auf den *Haldenweg*. Hier halten wir uns links bis zur vielbefahrenen *Bodenseestraße*. Wir überqueren diese und radeln auf dem Radweg nach rechts. Wir erreichen die Altstadt von **Memmingen** beim *Kaisergraben* vor der Stadtmauer.

Radverleih
Kempten: Hauptbahnhof, Tel. (08 31) 1 94 19; Radsport Socher, Lindauer Straße 54, Tel. 2 93 88. *Altusried*: Verkehrsamt Tel. (0 83 73) 70 51.

Übernachtungen unterwegs
Krugzell: Gasthaus zum Hirsch, Tel. (0 83 74) 57 38 (mittel). *Altusried*: Gasthaus zum Bären, Tel. 33 33 (mittel). *Kempten*: Hotel Fürstenhof, Rathausplatz 8, Tel. (08 31) 2 53 60 (gehoben); Hotel-Restaurant Haslacher Hof, Immenstädter Straße 74, Tel. 2 40 26 (mittel); Hotel-Gasthof Waldhorn, Steufzger Straße 80, Tel. 83 61 (mittel).

Einkehrmöglichkeiten
Krugzell: Zum Hirsch. *Altusried*: Zum Bären. *Maria Steinbach*: Landgasthof Löwen. *Illerbeuren*: Gromerhof.

Öffnungszeiten
Kempten: s. Tour 21. *Altusried*: Käserei- und Flachsmuseum Mo–Fr 9–12 u. 14–18 Uhr, Mi nachmittags geschlossen, Sa 9–12 Uhr. *Illerbeuren*: Schwäbisches Bauernhofmuseum, Di–So 9–18 Uhr. *Memmingen*: s. Tour 1.

Auskunft
D-87435 Kempten: Verkehrsverein, Rathausplatz 24, Tel. (08 31) 25 25-237. D-87452 Altusried: Verkehrsamt, Hauptstraße 18, Tel. (0 83 73) 70 51.

Kombinationen
Mit Tour 21, von Illerbeuren weiter entlang der Iller nach Buxheim und Memmingen.

Landkarten
ADFC-Radtourenkarte, 1 : 150 000, Bodensee/Schwäbische Alb.

23 Entlang der ehemaligen Bahnstrecke nach Isny

Kempten – Ermengerst – Buchenberg – Weitnau – Isny

Ausgangsort
Kempten, Tourist Information.

Zielpunkt
Isny, Marktplatz.

Gesamttourenlänge
37,5 km, davon 29 km Asphalt, 8,5 km Kiesweg.

Zeitbedarf
4 Std. Fahren. 1 Std. Besichtigen.

Etappen
Kempten – Ermengerst 6 km; Ermengerst – Buchenberg 4 km; Buchenberg – Weitnau 13,5 km; Weitnau – Isny 14 km.

Steigungen
Steiler Anstieg nach Mariaberg; langgezogene Steigung nach Buchenberg.

Geländestruktur
Durch bewaldetes Gebiet entlang des Weitnauer Tals nach Isny.

Sehenswertes
Kempten: s. Tour 21. *Hofen*: Kunsthalle Schwaben. *Weitnau*: Kirche. *Isny*: Altstadt.

Zu beachten
Vorsicht beim Überqueren der B 12.

Varianten
Von Kempten aus direkt auf dem ehemaligen Bahndamm bis Ermengerst.

Auf dieser Tour radeln wir entlang der Bahnlinie in das langgezogene Weitnauer Tal und gelangen im Tal der Unteren Argen bis zur Stadt der Zwiebeltürme, Isny.
Vom Rathausplatz in **Kempten** geht es über den *Residenzplatz* in die *Herrenstraße*. Am Ende dieser Straße radeln wir links die parallel verlaufende **Memminger Straße** entlang über die Rottach. Dort biegen wir gleich links ab. Nach *Thingers* beginnt der Anstieg nach **Mariaberg**, von wo aus sich uns ein herrlicher Blick über Kempten bietet. In Mariaberg fahren wir weiter nach **Ermengerst** und biegen im Ort links ab.
Kurz nach Ortsende fahren wir rechts auf der stillgelegten Bahnstrecke Richtung Isny (Ww. Radwanderweg Allgäu). In langgezogenen Kurven mit sanften Steigungen radeln wir durch bewaldetes Gebiet, an verlassenen Bahnwärterhäus-

Der Weg durch das mittelalterliche Espantor in Isny führt hinaus zum Rain, einem ehemaligen Fest- und Schießplatz.

Entlang der ehemaligen Bahnstrecke nach Isny 23

Das Stadtbild von Isny wird durch die vielen Barocktürme und die mittelalterliche Stadtmauer geprägt.

chen vorbei nach **Buchenberg**. Dort überqueren wir die Hauptstraße und radeln weiter durch ein bewaldetes Naturschutzgebiet, mit Moor- und Sumpfcharakter. An der Autobahn angelangt, unterqueren wir die A 96 bei der ersten Gelegenheit in Richtung *Hellengerst*. An der *Pension Friedrichsruhe* biegen wir rechts ein. Sanft bergab rollend, genießen wir den weitläufigen Blick auf das Weitnauer Tal.

In **Weitnau** sind in der neugotischen St.-Pelagius-Kirche fünf Holzfiguren eines spätgotischen Schreinaltares (1470) aus einer Vorgängerkirche zu sehen. Direkt am Gasthof *Goldener Adler* verläuft der weitere Radweg Richtung Isny. Eine ruhige Strecke (Ww. Seltmanns) bringt uns an

23 Entlang der ehemaligen Bahnstrecke nach Isny

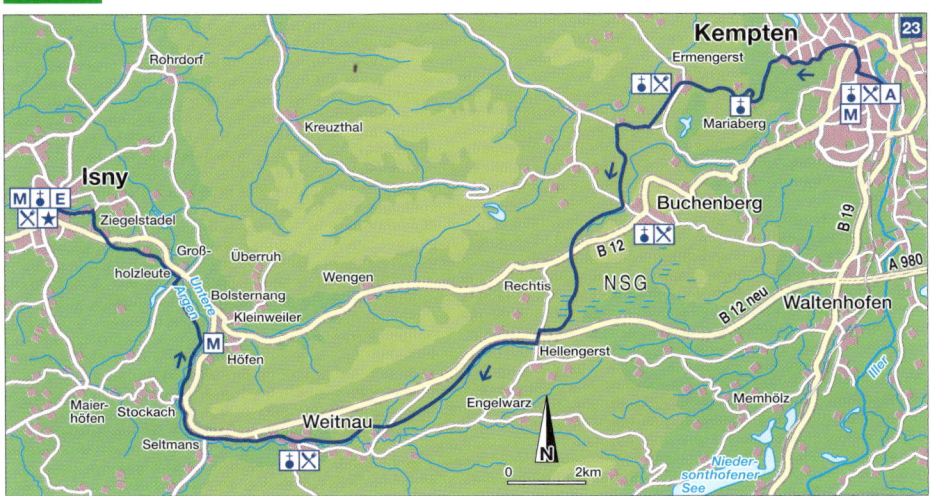

das Talende, das sich durch den Sonneneck-Höhenzug und die Iberger Kugel nadelöhrartig schließt. In **Seltmanns** fahren wir auf der Heinrich-Nikolaus-Straße weiter (Ww. Isny). Durch **Klausenmühle** hindurch und am Miniaturpark vorbei erreichen wir nach der **Kunsthalle Schwaben** den Ort **Hofen**. In der Kunsthalle befindet sich eine ständige Ausstellung des im Allgäu sehr bekannten Malers Friedrich Hechelmann. Darüber hinaus finden auch regelmäßig Wechselausstellungen zeitgenössischer Künstler statt. Wir radeln im Tal der Unteren Argen bis **Großholzleute**. Hier steht der altehrwürdige historische **Gasthof Adler** aus dem 15. Jahrhundert, eine ehemalige Posthalterei derer von Thurn und Taxis, wo schon Kaiserin Maria Theresia und Marie Antoinette nächtigten.
Danach geht es einen Anstieg hoch, und über **Grund** gelangen wir nach **Kleinholzleute**. Bei **Ziegelstadel** überqueren wir die B 12, erreichen über die **Römerstraße** die **Kemptener Straße** und kommen geradeaus in das Zentrum von **Isny**.

Radverleih
Kempten: Radsport Socher, Lindauer Str. 54, Tel. (08 31) 2 93 88; Hauptbahnhof, Tel. 1 94 19. *Isny*: Radsport Durach, Achener Weg 11, Tel. (0 75 62) 24 56.

Übernachtungen unterwegs
Weitnau: Haus Hoheneck, Tel. (0 83 75) 15 13 (mittel). *Großholzleute*: Gasthof Adler (gehoben) (0 75 62) 97 31-0. *Isny*: Gasthaus Hirsch, Tel. (0 75 62) 45 43 (mittel); Gasthof/Hotel Bären, Tel. (0 75 62) 24 20 (mittel).

Einkehrmöglichkeiten
Ermengerst: Bürgerhaus Ermengerst (Terasse); *Weitnau*: Goldener Adler. *Großholzleute*: Gasthof Adler; *Isny*: Gasthof Hirsch.

Öffnungszeiten
Kempten: s. Tour 21. *Hofen*: Kunsthalle Schwaben Di–Fr 10–12 u. 14–18, Sa/So/Fei 10–18 Uhr. *Isny*: Museum am Mühlturm, Di 10–12, Do/Sa 14–17, So 10–12 u. 14–17 Uhr.

Auskunft
D-87435 Kempten: Touristikinformation, Rathausplatz 24, Tel. (08 31) 25 25-237. D-88316 Isny: Kurverwaltung, Unterer Graben 18, Tel. (0 75 62) 9 84-110.

Kombinationen
Von Isny nach Wangen mit Tour 6; rund um Kempten mit Rundtour 21.

Landkarten
Landkreis Oberallgäu, Radwege, 1 : 75 000, Verlag Alfred Beron.

24 Von Immenstadt nach Sonthofen und Hindelang

Immenstadt – Sonthofen – Fluhenstein – Hindelang – Bad Oberdorf

 Ausgangsort
Immenstadt, Bahnhof.

 Zielpunkt
Hindelang, Kurverwaltung.

 Gesamttourenlänge
25 km, davon 20 km Asphalt, 5 km Kiesweg.

 Zeitbedarf
3 Std. Fahren. 3 Std. Besichtigen.

 Etappen
Immenstadt – Sonthofen 10 km; Sonthofen – Fluhenstein 4 km; Fluhenstein – Hindelang 9 km; Hindelang – Bad Oberdorf 2 km.

 Steigungen
Hinter Sonthofen steile Anstiege mit bis zu 14% nach Staig.

 Geländestruktur
Erst eben entlang der Iller, dann steil hinauf über dem Ostrachtal.

 Sehenswertes
Beeindruckendes Alpenpanorama. *Sonthofen*: Heimathaus. *Hindelang*: Hindelanger Altar.

 Zu beachten
Anspruchsvollere Tour für trainierte Fahrer; gute Bremsen erforderlich.

 Varianten
Flache Alternative: über den Radweg entlang der befahrenen B 308 von Sonthofen nach Hindelang.

Dieser Ausflug führt uns in das von Bergen umgebene Ostrachtal. Hier ist die Landschaft schon sehr alpin, deshalb ist die Tour entlang des Talhangs auch etwas anstrengender.
Vom *Marienplatz* in **Immenstadt** geht es durch den Klostergarten auf den *Nikolausplatz* und weiter in die *Grüntenstraße*. Wir umrunden die Schule und fahren links der Bahnlinie entlang. Wenige Meter danach unterqueren wir die Bahnlinie, fahren geradeaus am Hallenbad und Sportplatz vorbei bis zur Iller. Hier radeln wir rechts auf den Illerdamm (Ww. Blaichach/Sonthofen). An Auwäldern und Ufervegetation vorbei geht es neben der Iller gemächlich nach Süden. Nachdem wir an kleinen Baggerseen und Schrebergärten entlanggefahren sind, eröffnet sich zum ersten Mal der Blick auf das vor uns liegende Alpenpanorama. Über den Ortsteil *Rieden* gelangen wir nach **Sonthofen**; wir biegen links ab in den Ort. Im Februar 1945 wurde die Stadt durch Bombardierung schwer in Mitleidenschaft gezogen, deswegen finden sich in den Kirchen nur noch Fragmente der historischen Pracht. Im **Heimatmuseum** ist eine umfangreiche Kuhschellensammlung zu bestaunen.

Das Ostrachtal vor Hindelang rahmen gewaltige Alpengipfel ein, die bis in den Sommer hinein mit Schnee bedeckt sind.

24 Von Immenstadt nach Sonthofen und Hindelang

Vom Gästeamt aus radeln wir in die **Berghofer Straße**, überqueren die Ostrach und biegen anschließend in den *Fluhensteinweg*. Es geht mit bis zu 14 % stetig bergauf bis zu einer Kreuzung; von hier aus sind es nach links nur wenige Meter zu der oberhalb gelegenen **Ruine Fluhenstein**. Die ehemalige Burg wurde 1362

Bei Tiefenbach steht diese eingewachsene Hütte, die heute eine Drechslerei beherbergt.

Von Immenstadt nach Sonthofen und Hindelang 24

errichtet; sie präsentiert sich heute als malerisch-romantische Ruine. Wir fahren den Burgweg weiter steil hinauf in den Ortsteil **Berghofen**. Dort befindet sich am Ende die kleine Kirche **St. Leonard**. Im Inneren steht einer der prächtigsten spätgotischen Altäre des Oberallgäus. Hans Strigel d. Ä. schuf 1438 dieses Meisterwerk, auf dessen Innenflügeln männliche Heilige vor Goldgrund und auf dessen Außenflügeln weibliche Heilige dargestellt sind.

Wir radeln wieder hinab bis zur *Waltener Straße*, wenden uns nach links und 500m danach rechts in den *Vogelherdweg*. Von hier oben haben wir einen wunderbaren Panoramablick auf die Berge und auf das Iller- und das Ostrachtal. In **Tiefenbach** geht es erst steil bergab und dann wieder bergauf. Nach der Sebastianskapelle halten wir uns rechts und am Restaurant Sonneck links. Zuerst geht unser Weg nun bergab bis zur Hauptstraße, in die wir links einbiegen. Danach radeln wir aufwärts nach *Reckenberg*, das wir durchqueren.

Wir fahren weiter geradeaus dem Wegweiser *Vorderhindelang* nach. Es geht leicht hügelig bergauf und bergab, bis wir ziemlich steil nach **Vorderhindelang** hinabrollen. Am Ortsende radeln wir rechts den Berg hinunter und links in einen Kiesweg. Dieser führt uns über einen kleinen Bach bis zur Hauptstraße, von der es auf einer schönen Eschenallee bis nach **Hindelang** hineingeht. Immer geradeaus radelnd kommen wir am zentralen Brunnen vorbei, auf dem geschrieben steht: »Die Hindelanger Flechter holten das Salz über Joch 1540 – 1823.«

Bereits im Mittelalter kamen die Hindelanger durch Salzhandel und Erzbergbau zu Reichtum und Wohlstand. Das heutige Rathaus war das frühere Jagdschloß der Fürstbischöfe von Augsburg. In dem Ortsteil Bad Oberdorf finden sich sakrale Zeugnisse des ehemaligen Reichtums. Um dorthin zu gelangen, radeln wir die Marktstraße an der Kurverwaltung vorbei und biegen dann rechts in die *Bad Oberdorfer Straße* ein. Dieser folgend, unterqueren wir die B 308 und gelangen in den Ortsteil **Bad Oberdorf**. Hier finden wir in der neuen Kirche drei herausragende gotische Meisterwerke: den »**Hindelanger Altar**«, das Hauptwerk von Jörg Lederer (1515 – 19), eine wundervolle Madonnendarstellung von Hans Holbein d. Ä. (1493) und einen lebensgroßen Palmesel (1470).

Radverleih
Immenstadt: Zweirad Riescher, Tel. (0 83 23) 96 60. *Sonthofen*: Gästeamt, Tel. (0 83 21) 61 51 91-2. *Hindelang*: Autohaus Morhart, Tel. (0 83 24) 22 66.

Übernachtungen unterwegs
Sonthofen: Gasthaus Zur Rebe, Bahnhofstraße, Tel. (0 83 21) 44 31; Hotel Schwäbele Eck, Tel. 47 35. *Hindelang*: Gasthof Krone, Markstraße 20, Tel. (0 83 24) 3 24; Hotel Adler-Post, Marktstraße 36, Tel. 93 02-0.

Einkehrmöglichkeiten
Sonthofen: Gasthof Fluhenstein (vegetarische Gerichte). *Tiefenbach*: Restaurant Sonneck.

Öffnungszeiten
Immenstadt: Heimatmuseum Hofmühle Di/Mi 14 – 17, Do 17 – 20, Fr 9 – 11, Sa 10 – 13 Uhr. *Sonthofen*: Heimathaus, Öffnungszeiten auf tel. Anfrage: (0 83 21) 33 00.

Auskunft
D-87509 Immenstadt: Gästeamt, Marienplatz 3, Tel. (0 83 23) 91 41 76. D-87527 Sonthofen: Gästeamt, Rathausplatz 1, Tel. (0 83 21) 61 52 91. D-87541 Hindelang: Kurverwaltung, Marktstraße 9, Tel. (0 83 24) 8 92-0.

Kombinationen
Mit Tour 19 von Oberstdorf nach Immenstadt. Mit Tour 17 von Oberstaufen nach Immenstadt.

Landkarten
Landkreis Oberallgäu, Radwege, 1 : 75 000, Verlag Alfred Beron.

25 Rund um den idyllischen Grüntensee

Wertach – Haslach – Nesselwang – Wertach

 Ausgangsort
Wertach, Touristikinformation.

 Zielpunkt
Wertach, Touristikinformation.

 Gesamttourenlänge
23 km, davon 13 km Asphalt, 10 km Kiesweg.

 Zeitbedarf
2 Std. Fahren. 1 Stunde Besichtigen.

 Etappen
Wertach – Haslach 6 km; Haslach – Maria Rain 4 km; Maria Rain – Nesselwang 2 km; Nesselwang – Wertach 11 km.

 Steigungen
30 Höhenmeter hinab vor Nesselwang; bergab bei der Römerbrücke.

 Geländestruktur
Weitgehend entlang des Grüntensees und des umgebenden Moorgebiets.

 Sehenswertes
Wertach: Heimatmuseum u. Kirche. *Maria Rain*: Wallfahrtskirche mit bedeutendem Hochaltar und Kanzel. *Bei Gschwend*: Steinbrücke aus der Römerzeit über die Wertach.

 Zu beachten
Sehr gefährliche Ortsdurchfahrt in Nesselwang! Am besten das Rad auf dem Bürgersteig schieben.

 Varianten
Abstecher über die Römerbrücke nach Dohle (0,5 km), dort gute Einkehrmöglichkeit im Gasthaus Zur Dohle mit Biergarten.

Wertach ist der Geburtsort des Weißlackers, eines dem Limburger ähnlichen Käses, der einen noch durchdringenderen Geschmack besitzt. Die Gebrüder Kramer erfanden 1874 diese Käsesorte, die für Original Allgäuer Kässpatzen ein unverzichtbarer Bestandteil ist. Auch für eine deftige Brotzeit eignet sich der Weißlacker vorzüglich.

Wir beginnen in **Wertach** an der Touristikinformation und folgen dem Wegweiser *Wanderweg 9* nach links. Wir halten uns weiterhin an diese Beschilderung; es geht unter einer Unterführung hindurch und danach links auf einen Teerweg. Entlang der Wertach radeln wir in einem Landschaftsschutzgebiet auf einer kleinen Straße, die danach in einen Kiesweg übergeht. Die Landschaft ist flach und moorig, der weitere Weg verläuft parallel zur Bundesstraße. Am Grüntensee geht es vorbei, mit Ausblick auf den See, bis wir nach 6 km auf eine Kreuzung stoßen und dort rechts in die *Grüntenstraße* einbiegen. Wir erreichen **Haslach**, ein beliebtes Ausflugsziel, überqueren die Bahnlinie und fahren an der Kirche vorbei aus dem Dorf hinaus. Wir orientieren uns an der Bahnlinie und unterqueren die B 309. An den folgenden Straßengabelungen halten wir uns immer rechts und gelangen über *Rainen* nach **Maria-Rain**.

Dort steht eine der im Allgäu so zahlreichen Wallfahrtskirchen, **Maria-Rain**, die auf ein Gnadenbild und eine heilkräftige Quelle zurückgeht. Der heutige Bau stammt aus den Jahren 1490 – 96, seine Innenausstattung wurde mehrmals verändert. Ein Meisterwerk der Kirche ist der **Hochaltar**, eine einzigartige Schöpfung, die harmonisch Stilepochen aus drei Jahrhunderten vereinigt. Der Schrein mit seinen Figuren und dem Gesprenge ist gotischen Ursprungs (1519), die Figurengruppen über dem Tabernakelalter stammen aus dem Anfang des 17. Jh. Der Tabernakel mit vergoldetem Rocailledekor ist ein Beitrag aus dem Rokoko. Auch an der **Kanzel** zeigt sich ein harmonischer

Rund um den idyllischen Grüntensee 25

Idyllisch eingerahmt von urwüchsiger Moorvegetation liegt der Grüntensee. Den Hintergrund beherrscht der Grünten, der dem See seinen Namen gab.

Übergang vom Barock ins Rokoko. Der Engel unterhalb der Kanzel scheint die über ihm thronende Last mit barocker Leichtigkeit zu meistern.
Wir fahren nach rechts zur Wertach hinab, überqueren diese und gelangen auf der *Maria Rainer Straße* nach **Nesselwang**. Die Pfarrkirche St. Andreas besticht von außen durch ihren markanten Zwiebelturm, die Ausstattung im Inneren ist eine wenig geglückte Schöpfung des Neorokoko. Durch die enge Ortsdurchfahrt von Nesselwang quält sich permanent der Alpenfernverkehr, deshalb sollte man bei der Überquerung der Hauptstraße sehr vorsichtig sein.
Von der Kirche aus wecheln wir auf die gegenüberliegende Straßenseite, schieben

25 Rund um den idyllischen Grüntensee

Vor dem beeindruckenden Alpenpanorama erhebt sich hoch der barocke Zwiebelturm über den bekannten und beliebten Ausflugsort Nesselwang.

Rund um den idyllischen Grüntensee 25

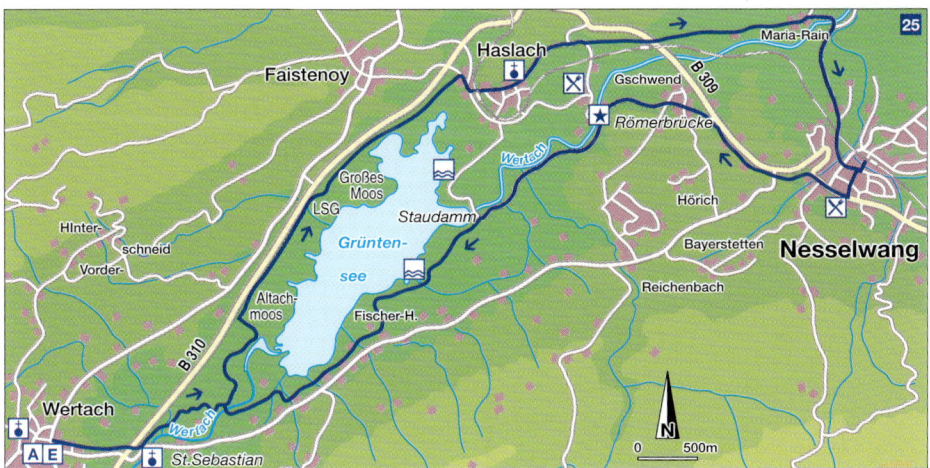

am besten das Rad 150 m aufwärts und können dann links über die *Römerstraße* weiter bergauf radeln. Ein Radweg führt links an der B 309 entlang bis nach *Gschwend*. Von hier rollen wir eine verträumte Ahornallee hinab zu einer **Steinbrücke** römischen Ursprungs. Vor dieser Brücke wenden wir uns nach links, rollen bergab und radeln dann entlang des Auwalds an der Wertach, bis wir den **Grüntensee** erreichen.

Über einen kleinen Anstieg zum Wehr, mit dem die Wertach zum Grüntensee aufgestaut wird, kommen wir zum ersten Mal direkt an das Seeufer. Auf einem eingewachsenen, aber gut zu befahrenden Kiesweg bietet sich uns nun der schönste Ausblick der gesamten Tour: ein königsblauer Grüntensee, umgeben von saftig grünen Alpwiesen, mit dem markanten Grünten im Hintergrund! Wir radeln entlang des Sees auf den Grünten zu; am westlichen Ufer erstreckt sich beim Zufluß der Wertach ein weiter Schilfgürtel. Nach der links sichtbaren Kirche St. Sebastian unterqueren wir die B 310 und gelangen auf dem gleichen Weg nach Wertach zurück.

Radverleih
Wertach: Getränkemarkt Schreit, Grüntenseestraße 13, Tel. (0 83 65) 3 15; Schießstadel, Marktstraße 9, Tel. 12 35. *Nesselwang*: Hotel Alpenrose, Jupiterstraße 9, Tel. (0 83 61) 2 20 40; Bergsport Martin, An der Riese 28, Tel. 14 73.

Übernachtungen unterwegs
Wertach: Hotel Bürgerstüble, Grüntenseestraße 2, Tel. (0 83 65) 2 07 (mittel); Gasthof Krone, Marktstraße 46, Tel. 5 55 (mittel). *Nesselwang*: Brauereigasthof Post, Hauptstraße, Tel. (0 83 61) 3 09 10 (mittel); Alpengasthof Sonnenbichl, Maria-Trost-Allee 41, Tel. 31 63 (mittel).

Einkehrmöglichkeiten
Dohle: Gasthaus Zur Dohle *Nesselwang*: Brauereigasthof Post (Hausbrauerei), Alpengasthof Hirsch. *Wertach*: Bürgerstüble, Gasthof Krone.

Öffnungszeiten
Wertach: Heimatmuseum Mi 14–17 Uhr; Bergkäse-Sennerei: Führungen Di 16.30 Uhr.

Auskunft
D-87497 Wertach: Touristikinformation, Rathausstraße 3, Tel. (0 83 65) 2 66.
D-87484 Nesselwang: Gästeinformation, Hauptstraße 18, Tel. (0 83 61) 1 94 33.

Kombinationen
Mit Tour 30 Fortsetzung an den Ruinen Eisenberg und Hohen-Freyberg vorbei nach Seeg.

Landkarten
Topographische Karte L 10, Füssen und Umgebung, 1 : 50 000.

Ostallgäu

26 Auf der Dampflokroute von Marktoberdorf nach Füssen

Marktoberdorf – Stötten – Roßhaupten – Rieden – Füssen

Ausgangsort
Marktoberdorf, Marktplatz.

Zielpunkt
Füssen, Residenz.

Gesamttourenlänge
32 km, alles Asphalt.

Zeitbedarf
3 Std. Fahren. 1 Std. Besichtigen.

Etappen
Marktoberdorf – Stötten 8 km; Stötten – Roßhaupten 12 km; Roßhaupten – Ussenburg 4 km; Ussenburg – Rieden 3 km; Rieden – Füssen 5 km.

Steigungen
100 Höhenmeter von Roßhaupten bis Ussenburg mit bis zu 10 % Steigung.

Geländestruktur
Bis nach Roßhaupten auf der Dampflokstrecke sehr leicht, aber kontinuierlich ansteigend; ab Roßhaupten nach Ussenburg kurz und steil aufwärts, dafür hat man einen weiten Blick auf den Forggensee und die Alpenkette; danach wieder hinab nach Rieden und eben am Forggenseeufer bis nach Füssen.

Sehenswertes
Marktoberdorf: St. Martin, Schloß. *Stötten*: St. Peter und Paul; Auerberg. *Füssen*: s. Tour 27.

Varianten
Flache Abkürzung von Roßhaupten nach Füssen entlang des Forggensees (s. Tour 27). Ausflug von Stötten auf den Auerberg (300 Höhenmeter).

Diese Tour folgt bis Roßhaupten der sogenannten **Dampflokroute**, die auf der ehemaligen Bahntrasse von Marktoberdorf bis vor Roßhaupten parallel zur B 16 verläuft. Die Bahnlinie, die von Marktoberdorf nach Lechbruck führte, wurde 1899 eingeweiht. Nachdem man den Bahnverkehr 1977 komplett einstellte, wurde die Bahntrasse zu einem Radweg umgebaut. Dies hat den Vorteil, daß Radler, Inlineskater und Fußgänger abseits der Straße unter sich bleiben, aber den Nachteil, daß man an den Orten wie Stötten vorbeifährt.

Weithin beherrscht die auf dem Schloßberg liegende Kirche **St. Martin** das Bild von **Marktoberdorf** und Umgebung. Bereits 750 stand hier eine Vorgängerkirche. Der heutige Bau wurde zwischen 1732 und 1738 errichtet. Beeindruckend ist im Inneren der große Altar, der den Chor zur dahinterliegenden Sakristei abriegelt. Stukkaturen und Fresken sorgen für einen lichten und zarten Gesamteindruck. Neben der Kirche steht das schlichtere Schloß (1722), zusammen bilden die beiden Gebäude eine harmonische Einheit.

Wir starten in Marktoberdorf am *Marktplatz* und folgen der Dampflokbeschilderung in Richtung Süden. Nach ca. 500 m geht es schräg nach rechts in die *Saliter Straße*. In *Rieden* müssen wir die B 16 überqueren und auf der linken Straßenseite weiterfahren. Kurz danach geht es wieder auf die rechte Seite zurück. Wir kommen in einem Rechtsbogen unterhalb von **Stötten** vorbei. Dort ist die Pfarrkirche **St. Peter und Paul** zu besichtigen, deren Stuck im Chor von Johann Schmuzer und seinem Sohn Franz 1698/99 geschaffen wurde.

Auf der Dampflokroute von Marktoberdorf nach Füssen 26

Die eindrucksvolle barocke Klosteranlage St. Mang in Füssen zeugt von der Macht und dem Reichtum der Augsburger Fürstbischöfe.

Von Stötten aus, das schon den Beinamen »am Auerberg« trägt, kann man einen Abstecher zu diesem einmaligen Aussichtsberg (1055 m) machen. Allerdings sind dazu 320 Höhenmeter zu überwinden: Am besten fährt man von Stötten über Buchen bis nach Günther und von hier aus hinauf. Die längere Variante verläuft südlich des Auerbergs bis nach Bernbeuren und ab hier geht es fast 300 Höhenmeter aufwärts. Der Auerberg war in keltischer Zeit ein heiliger Berg; heute steht dort eine kleine, dem hl. Georg geweihte Kirche. Im Inneren befindet sich eine Mondsichelmadonna, die Jörg Lederer zugeschrieben wird. Sehenswert ist auch die Darstellung des Georgskampfs in einem bäuerlichen, naiven Stil aus der 2. Hälfte des 17. Jh. Auf dem Auerberg finden jedes Jahr am Sonntag nach dem 23. April der prächtige Georgiritt mit einer Umrundung von Kirche und Berg und eine Pferdesegnung statt.

Hinter Stötten folgen wir dem Radweg, der jetzt direkt neben der B 16 verläuft. Ab *Steinbach* löst sich der ehemalige Bahndamm von der Bundesstraße. An dem ehemaligen Bahnhofsgebäude wurde ein Rastplatz eingerichtet. Abgeschieden durch einen Wald radelnd, geht es danach an den wenigen Häusern von *Freßlesreute* vorbei. Dann treffen wir wieder auf die B 16 und fahren durch eine Röhre unter dieser hindurch. Auf der folgenden Querstraße fahren wir erst links, unterqueren wiederum die Straße (Ww. Lechbruck) und biegen gleich danach

26 Auf der Dampflokroute von Marktoberdorf nach Füssen

Idyllisches Alpenpanorama bietet sich am Forggensee, mit weiten Blicken auf das gegenüberliegende Ufer und die weithin sichtbaren Kirche von Waltenhausen.

rechts ab. Hier verlassen wir die Dampflokroute, die links weiter nach Lechbruck führt. Wir unterqueren die B 16 erneut und gelangen so nach Roßhaupten. Am Ortsanfang könnte man nach links auf den Forggensee-Radweg abzeigen, wir fahren jedoch geradeaus bis in das Ortszentrum von **Roßhaupten**.
An der Kirche halten wir uns erst rechts in Richtung Seeg (Seeger Straße) und nach

Auf der Dampflokroute von Marktoberdorf nach Füssen 26

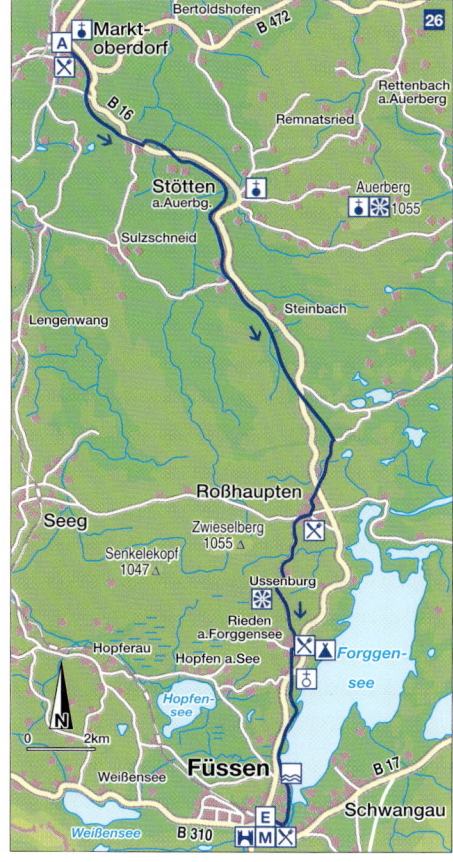

ca. 300 m links nach *Ussenburg*. Ab hier wird es für die nächsten 2 km etwas anstrengender, Strecken mit bis zu 10 % Steigung sind zu verkraften. Mehr als entlohnt wird die Mühe mit herrlichen Ausblicken von *Ussenburg* auf den blauschimmernden Forggensee und das dahinterliegende Bergpanorama.
Wir rollen rasch hinab (blauer Ww: *Kgl. bay. Radweg*), in **Rieden** fahren wir am Gasthaus Rössle geradeaus weiter, am Brünnlein links ab in die *St.-Urban-Straße* und treffen nach dem Ortsende auf die B 16. Diese überqueren wir und radeln auf dem Radweg an der **Kapelle St. Urban** vorbei. Auf einer Eichenallee geht es parallel der B 16 entlang.
Der Radweg führt später von der B 16 weg, unter einer Brücke hindurch und beim Sägewerk links. Der weitere Weg ist gekiest und führt direkt am Ufer des Forggensees entlang. Man erreicht eine größere Teerstraße, hält sich hier links und gelangt am *Seerestaurant* vorbei zum Kongreßzentrum. Nach diesem kann man rechts bis zur Ampel fahren, die B 17 überqueren und gegenüber in die Altstadt von **Füssen** radeln.

Radverleih
Marktoberdorf: Bahnhof, Tel. (0 83 42) 23 09; Radsport Rieger, Füssener Straße 33, Tel. 23 83; Radsport Buhler, Gschwender Straße 8, Tel. 4 13 86.

Übernachtungen unterwegs
Roßhaupten: Gasthof Jörg, Tel. (0 83 67) 2 20; Adler, Tel. 3 92

Einkehrmöglichkeiten
Roßhaupten: Gasthof zum Bauernwirt; Gasthof Schwägele (neben der Kirche). *Rieden*: Gasthaus Rössle.

Öffnungszeiten
Marktoberdorf: Neues Stadtmuseum So 10–12 u. 14–16 Uhr, Mi 14–16 Uhr. Riesengebirgsmuseum Mi 10–12 u. 13.30–15.30, Fr u. jeden 1. So im Monat 10–12 Uhr. Städtische Galerie im Dr.-Geiger-Haus jeden 1. u. 3. Sa im Monat 15–17 Uhr.

Auskunft
D-87616 Marktoberdorf: Touristikbüro im Rathaus, Jahnstraße 1, Tel. (0 83 42) 40 08-45; D-87672 Roßhaupten: Hauptstraße 10, Tel. (0 83 67) 3 64. D-87669 Rieden a. Forggensee: Verkehrsamt, Lindenweg 4, Tel. (0 83 62) 3 70 25. D-87629 Füssen: Kurverwaltung, Kaiser-Maximilian-Platz 1, Tel. (0 83 62) 74 58.

Kombinationen
Fortsetzung mit den Touren 28 und 29.

Landkarten
ADFC Radtourenkarte Blatt 26 Oberbayern/München 1 : 150 000.

27 Rund um den Forggensee

Füssen – Rieden – Roßhaupten – Waltenhausen – Füssen

 Ausgangsort
Füssen, Residenz.

 Zielpunkt
Füssen, Residenz.

 Gesamttourenlänge
32 km, davon 29 km Asphalt, 3 km Kiesweg.

 Zeitbedarf
3 Std. Fahren. 1 Stunde Besichtigen.

 Etappen
Füssen – Rieden 6 km; Rieden – Roßhaupten 6 km; Roßhaupten – Greith 9 km; Greith – Waltenhausen 8 km; Waltenhausen – Füssen 3 km.

 Steigungen
Geringe Steigungen am Illasberg, insgesamt weitgehend eben.

 Geländestruktur
Teilweise direkt am Ufer und etwas abseits davon rund um den Forggensee.

 Sehenswertes
Füssen: Altstadt mit schönen Bürgerhäusern aus der Spätgotik und dem Barock; Klosteranlage St. Mang; Hohes Schloß.

 Varianten
Über Bayerniederhofen entlang des Bannwaldsees nach Schwangau und Füssen, s. Tour 28.

Füssen ist in jeder Hinsicht ein idealer Ausgangspunkt für zahlreiche Radtouren im südlichen Ostallgäu. Die nahe gelegenen Seen in der Umgebung von Füssen und zahlreiche Kunstschätze bieten Genußradlern eine attraktive Gegend.
Füssen selbst besticht durch seine landschaftlich reizvolle Lage. Mit der hoch aufragenden Alpenkulisse im Hintergrund und den sanft geschwungen Wiesen um den Forggen- und Bannwaldsee lädt die Umgebung zum Bleiben ein. Mit Kempten ist Füssen die älteste Stadt des Allgäus. Schon die Römer gründeten an dem wichtigen Verkehrsknotenpunkt eine Garnison mit dem Namen »Foetibus«. Hier verlief die Via Claudia, die von Augsburg über den Fern- und Reschenpaß nach Italien führte. Die enge Verbindung zu Augsburg ist geblieben, jahrhundertelang war Füssen die Sommerresidenz der Augsburger Bischöfe.
Beherrschendes Element der Stadtsilhouette ist die mächtige Klosteranlage **St. Mang** mit dem darüberliegenden **Hohen Schloß**. Der Name des Klosters geht auf den »Apostel des Allgäus«, den heiligen Magnus, zurück, der von St. Gallen zur Missionierung des Ostallgäus hierher geschickt wurde. Nach diversen Vorgängerbauten – die erste war die Zelle des hl. Magnus aus dem 8. Jh. – stammt die heutige Anlage aus dem Anfang des 18. Jh. Der berühmte Johann Jakob Herkomer war Baumeister für das Kloster und die Kirche. Allein der Turm von St. Mang ist noch spätromanisch. Das Museum im ehemaligen Benediktinerkloster zeigt neben zahlreichen Prunkräumen und einem wunderschönen ovalen Bibliothekssaal Reste der mittelalterlichen Anlage. Die St.-Anna-Kirche birgt ein besonderes Kunstwerk: den **Füssener Totentanz** von Hans Georg Hiebeler (1602). Zwanzig Einzelbilder mit teilweise schaurigem Text erzählen von der Vergänglichkeit der Menschen aller Stände, vom Papst bis zum Maler selbst, dargestellt durch den Tanz mit dem Tod. Den besten Blick auf die Klosteranlage bietet sich vom gegenüberliegenden Lechufer. Das oberhalb von St. Mang gelegene **Hohe Schloß** wurde 1269 von Herzog Ludwig von Bayern erstellt und im 14. und 15. Jh. umgebaut und erweitert. Im Barock wurden die Innenräume und die

Rund um den Forggensee

Kapelle St. Veit umgestaltet. Der Innenhof wirkt mit den unterschiedlichen Türmen sehr prächtig, die Fassaden sind mit spätgotischen Malereien verziert, die die Fenster und Portale umrahmen und damit Erker vortäuschen. Im Schloß befindet sich heute eine Gemäldegalerie des Bayerischen Nationalmuseums. Bemer-

Das Hohe Schloß beherrscht das Stadtbild von Füssen. Heute befindet sich hier eine Abteilung des Bayerischen Nationalmuseums mit kostbaren Kunstwerken der Gotik.

27 Rund um den Forggensee

kenswert ist der Rittersaal mit einer spätgotischen Kassettendecke (um 1500). Sehenswert sind auch die Spitalkirche *Hl.* *Geist* mit Fassadenfresken, die am Ortsausgang in Richtung Reute gelegene Kirche *Zu Unserer Lieben Frau am Berg*,

🚲 Rund um den Forggensee 27

Ruhig liegt der Forggensee in der idyllischen Abendstimmung. An warmen Sommertagen ist gerade zu dieser Zeit ein Radausflug besonders eindrucksvoll.

die Reste der alten Stadtbefestigung und die zahlreichen Bürgerhäuser aus der Spätgotik und dem Barock, die von Füssens Bedeutung als Stapelplatz für den italienischen Handel zeugen.

Der **Forggensee** ist in seinen jetzigen Ausmaßen ein Stausee, der erst 1954 als Speichersee angelegt wurde. Der Name geht auf den Ort Forggen zurück, der den Wassermassen zum Opfer fiel. Östlich von Roßhaupten befindet sich die Lechstaustufe 1, mit dem der Fluß zum Forggensee aufgestaut wird. Auf deutscher Seite wird der Lech inzwischen insgesamt 26mal gestaut, wodurch auch ein Großteil der ehemaligen Auenlandschaft zerstört wurde. Der Lech ist ein alpiner Fluß, der früher in mächtigen Mäandern recht stürmisch Richtung Donau floß. Vor allem in den Zeiten der Schneeschmelze, etwa Mai bis Juni, führt er immer wieder Hochwasser – dagegen kann er im Hochsommer fast trocken fallen. Der Forggensee behält nicht das ganze Jahr über seinen Pegelstand, sondern gibt das aufgestaute Wasser flußabwärts weiter, so daß am Seeufer zeitweise große, mit Schlamm bedeckte Trockenflächen entstehen.

Von *St. Mang* in Füssen radeln wir unter der *Lechbrücke* hindurch und anschließend auf dieser beliebten Promenade lechabwärts. Nachdem wir die B 17 unterquert haben, geht es geradeaus über den Lechuferweg bis zum *Seerestaurant*. Hier biegt man rechts ab und radeln kurz danach geradeaus in einen kleinen Weg, der dem Ufer folgt. Beim *Sägewerk* der Achmühle überqueren wir die **Füssener Achen** mit einer Rechtskurve. Auf einem Radweg geht es entlang der vielbefahrenen B 16 an der Kapelle *St. Urban* vorbei. Vor **Rieden**, das wir links liegen lassen, biegen wir von der B 16 nach rechts ab und fahren bei *Osterreinen* auf den See zu. Hier halten wir uns links und radeln auf einem schönen Weg parallel zum See-

27 Rund um den Forggensee

ufer entlang bis nach *Dietringen*. Dort scheren wir wieder auf die B 16 ein. Auf einem Radweg gelangen wir entlang dieser Straße bis kurz vor **Roßhaupten**. Wer gleich weiterfahren will, biegt vor dem Ortsanfang nach rechts ab, der Beschilderung *Forggensee-Radweg* folgend. Wir erreichen kurz danach die *Staumauer* mit dem *Kraftwerk*: Hier wird der Lech zum Forggensee aufgestaut. Über die Staustufe, mit Blick nach links auf den Lechsee, geht es auf die andere Seeseite. Nun steigt unser Weg etwas an, wir radeln um den Illasberg und haben einen schönen Ausblick auf den Forggensee. Wir radeln am Illasbergsee, der ein Teil des Forggensees ist, vorbei und durch *See* mit seinem Seebad hinauf nach *Kniebis*. Kurz danach kommen wir durch *Rauhenbichl* und biegen gegenüber des *Kühmoossees* rechts ab (Ww. Greith). Nun befinden wir uns auf einem kleinen Teerweg, der uns durch den Weiler *Greith* führt. Danach geht es in leichten Schwingungen hinab, die Landschaft wird mooriger. Wir radeln am idyllischen *Hegratsrieder See* (Bademöglichkeit) vorbei. Entlang eines Waldrands fahren wir durch diese abgeschiedene, ursprünglich wirkende Gegend, vor uns im Blick Säuling, Tegelberg und Schloß Neuschwanstein. Nachdem wir die Mühlberger Ach überquert haben, kehren wir wieder zurück in die belebte Feriengegend. Wir halten uns nach der Brücke rechts (Ww. Brunnen) und am Anfang des kleinen Orts *Brunnen* links nach **Waltenhausen**. Eben geht es durch Wiesen bis in den Ort. Wir biegen zur gut sichtbaren Kirche **St. Maria und Florian** nach rechts ab. Bereits 746 soll hier vom hl. Magnus und seinem Begleiter eine Kirche errichtet worden sein. Der heutige Bau ist im Kern gotisch und wurde im 16. Jh. erweitert, die Stuckierungen sind barock. Unter dem Chor befindet sich die nicht zugängliche mittelalterliche Gruft der Herren von Schwangau.

Wir radeln an der Kirche vorbei und biegen an einem alten Bauernhaus rechts in die *Forggensee-Straße* ein. Am Ufer entlangradelnd sehen wir schon die malerische Stadtsilhouette von Füssen vor uns liegen. Nach rechts führt ein Teerweg hinab in die tiefergelegenen Wiesen. Auf diesem Weg kommen wir wieder über den Lech und können nach links wieder zum Ausgangspunkt in **Füssen** zurückkehren.

Radverleih
Füssen: Bahnhof, Tel. (0 83 62) 63 13; Rad Zacherl, Tel. 32 92; Jetis Mountainbike-Shop, Tel. 7 38 88.

Übernachtungen unterwegs
Roßhaupten: Adler, Tel. (0 83 67) 3 92 (mittel); Schwägele, Tel. 3 05 (mittel). *Rieden*: Landgasthof Höllmühle, Tel. (0 83 62) 3 96 49 u. 28 92 (günstig).

Einkehrmöglichkeiten
Füssen: mehrere Gasthäuser. *Rieden*: Gasthaus Rössle. *Roßhaupten*: Gasthof zum Bauernwirt; Gasthof Schwägele (neben der Kirche).

Öffnungszeiten
Füssen: Staatsgalerie im Hohen Schloß Mo – Sa 10 – 12 u. 14 – 16 Uhr, So 10 – 12, nur Do 14 – 16 Uhr. Museum der Stadt Füssen Di – Sa 11 – 16 Uhr, Mi 18 – 20 Uhr, 1. u. 3. So im Monat 11 – 16 Uhr (Apr – Okt).

Auskunft
D-87629 Füssen: Kurverwaltung, Kaiser-Maximilian-Platz 1, Tel. (0 83 62) 74 58. D-87669 Rieden a. Forggensee: Verkehrsamt, Lindenweg 4, Tel. (0 83 62) 3 70 25. D-87672 Roßhaupten: Hauptstraße 10, Tel. (0 83 67) 3 64.

Kombinationen
Ab Roßhaupten auf der Dampflokstrecke nach Marktoberdorf. Von Roßhaupten über Ussenburg nach Rieden zurück mit Tour 26.

Landkarten
Topographische Karte L 10, Füssen und Umgebung, 1 : 50 000

28 Märchenhafte Königsschlösser und idyllische Seen

Füssen – Königsschlösser – Bannwaldsee – Bayerniederhofen – Waltenhausen – Füssen

 Ausgangsort
Füssen, Residenz.

 Zielpunkt
Füssen, Residenz.

 Gesamttourenlänge
30 km, davon 20 km Asphalt, 10 km Kiesweg.

 Zeitbedarf
2 Std. Fahren. Die Besichtigungszeit der Schlösser hängt vom Ansturm der Besucher ab, die Führungen selbst dauern jeweils eine Stunde.

 Etappen
Füssen – Königsschlösser (Parkplatz) 4 km; Königsschlösser – Schwangau 2 km; Schwangau – Bayerniederhofen 9 km; Bayerniederhofen – Waltenhofen 10 km;

 Steigungen
50 Höhenmeter zwischen Bayerniederhofen und Greith.

 Geländestruktur
Weitgehend eben entlang des Bannwaldsees und dem Großen Filz; danach leicht hügelig durch die abgeschiedene Gegend bei Hegratsried.

 Sehenswertes
Schloß Hohenschwangau; Schloß Neuschwanstein; Wallfahrtskirche St. Koloman. *Bayerniederhofen*: St. Michael. *Waltenhausen*: St. Maria und Florian.

 Zu beachten
Beide Schlösser sind nur im Rahmen von Führungen zugänglich. Lange Wartezeiten (bis zu 3 Std.) in der Hauptsaison auf die Schloßführung Neuschwanstein.

Varianten
Kurzer Abstecher vom Parkplatz bei Hohenschwangau zum idyllischen Alpsee (Bademöglichkeit).

Touristische Attraktionen internationalen Ausmaßes sind die beiden Königsschlösser des Märchenkönigs Ludwig II. von Bayern am Anfang unserer Tour um den Bannwaldsee. Neuschwanstein ist die am meisten besuchte Sehenswürdigkeit in ganz Bayern und zieht jedes Jahr Millionen von Besuchern an.

In **Füssen** fahren wir vom bischöflichen Schloß St. Mang rechts unter der Brücke hindurch und am Lech entlang. Eine Fußgänger- und Fahrradbrücke führt uns über den Lech, gleich danach wenden wir uns nach links. Ein Radweg führt uns am Anfang eine alte Kastanienallee entlang und dann durch den Wald bis zum großen Besucherparkplatz direkt unterhalb von **Hohenschwangau**.

Schloß Hohenschwangau ist von der gleichnamigen Ortschaft in einem fünfminütigen Fußmarsch zu erreichen. Im Gegensatz zu Neuschwanstein ist das ockerfarbene Schloß kein Neubau, seine Geschichte reicht bis ins 11. Jh. zurück. Die Ritter von Schwangau, Lehensträger der Welfen, besaßen in dieser Gegend vier Burgen: Schwanstein, das heutige Hohenschwangau, Frauenstein westlich davon und Vorder- und Hinterhohenschwangau östlich über der Pöllatschlucht. Als das Herrschergeschlecht im 16. Jh. ausstarb, wurde die verfallene Burg mehrmals verkauft und zweimal wiederaufgebaut, zuletzt unter dem Kronprinzen Maximilian vom Bayern 1833. Bei diesem Ausbau blieb die Bausubstanz im wesentlichen erhalten, nur die Torbauten und der Schloßgarten sind das Werk Domenico Quaglios, der die Umbauarbeiten leitete. Später wurde noch ein vierter Turm an die ursprünglich dreiflügelige Anlage angefügt.

Bei der Innenausstattung bezog man die mit dem Schloß verbundenen Sagen und Erinnerungen ein, zu der die Schwanen-

28 Märchenhafte Königsschlösser und idyllische Seen

rittersage gehört. Die Entwürfe der Wandbilder stammen von Moritz von Schwind, der auch in der Münchner Residenz tätig war, die Ausführung der Bilder wurde leider weniger talentierten Malern überlassen. Die bemerkenswertesten Räume sind der Schwanrittersaal, in dem die Geschichte des Schwanritter Lohengrin dargestellt ist, der Helden- oder Rittersaal, geschmückt mit Bildern aus der

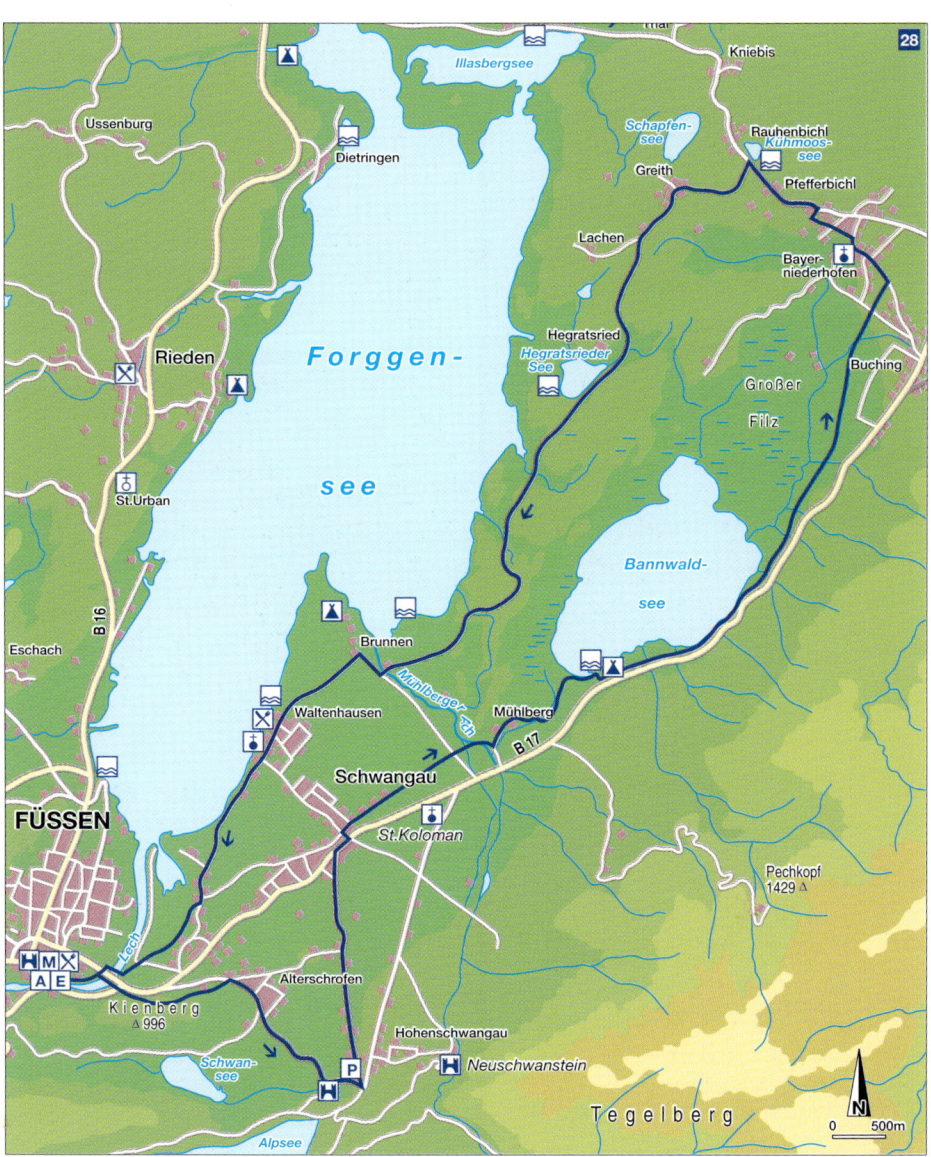

Märchenhafte Königsschlösser und idyllische Seen 28

Wildromantisch zeichnet sich Neuschwanstein, das weltberühmte Märchenschloß Ludwigs II., vor den hoch aufragenden Bergen ab.

Wilkinasage, und das Tassozimmer. Vor allem dieses Zimmer, das königliche Schlafzimmer, vermittelt einen romantischen und lyrischen Eindruck. Die einzelnen Szenen gehen fließend ineinander über, und an der Decke entfaltet sich ein tiefblauer Sternenhimmel.
Der steile Aufstieg zum Märchenschloß **Neuschwanstein** nimmt etwa 20 Gehminuten in Anspruch, aber allein der Blick lohnt die Mühe. Für den Neubau des Schlosses mußten zunächst die Ruinen der zwei mittelalterlichen Burgen Vorder- und Hinterhohenschwangau abgetragen und ein Teil des Burgbergs abgesprengt werden. 1869 war die Grundsteinlegung, 1873 war der Torbau vollendet und der Palas im Rohbau ausgeführt. Die Vollendung der Anlage scheiterte an dem mysteriösen Tod Ludwigs II. 1886 im Starnberger See. Nahezu vollständig eingerichtet waren zu dieser Zeit jedoch die königlichen Wohnräume und die Festsäle.
Außen wie innen verkörpert Neuschwanstein Ludwigs Vorliebe für die Ritter- und Sagenwelt des Mittelalters. Einen bezau-

28 Märchenhafte Königsschlösser und idyllische Seen

Direkt unterhalb von Hohenschwangau, dem zweiten Königsschloß bei Füssen, führt unser Radweg vorbei.

Märchenhafte Königsschlösser und idyllische Seen 28

bernden Blick auf das Schloß hat man von der Marienbrücke, die die Pöllatschlucht überspannt und zu der man vom Schloß aus aufsteigen kann.

Zur Weiterfahrt radeln wir beim Parkplatz links in die *Schwangauer Straße* auf den Radweg. Eine schöne Allee führt uns bis nach **Schwangau**; dort orientieren wir uns an der Beschilderung *Romantische Straße*, fahren bis zur Kreuzung vor, dann links und gleich wieder rechts. Wer St. Koloman besichtigen will, fährt in Schwangau geradeaus weiter auf dem Radweg. Rechter Hand sieht man bereits die Wallfahrtskirche St. Koloman einsam vor den aufragenden Bergen inmitten saftiger Wiesen.

Schon von außen wirkt die **Wallfahrtskirche St. Koloman** elegant und wohlproportioniert. Zusammen mit dem schlanken, hoch aufragenden Turm und seiner Zwiebelhaube vor der Bergkulisse bietet die Wallfahrtsstätte ein einmaliges Bild. Das Kirche zählt zu den am meisten fotografierten in Bayern – und das zu Recht! Der berühmte Wessobrunner Stukkateur Johann Schmuzer entwarf 1671 die Pläne, der Stuck selbst stammt ebenfalls vom Baumeister. Die Weiß-in-Weiß gehaltene Ornamentik – damals wurde der Stuck noch nicht bemalt – vermittelt mit den in Rot-Weiß gehaltenen Stuckmarmoraltären, die ebenfalls von Schmuzer geschaffen wurden, eine harmonische Einheit.

Wir orientieren uns weiter an der Beschilderung Romantische Straße, überqueren die *Mühlberger Ach* sowie einen weiteren Bach und halten uns dann rechts und gleich wieder links. Durch mooriges Gebiet geht es am Campingplatz des Bannwaldsees vorbei. Nun verläuft der Weg ziemlich dicht an der vielbefahrenen B 17 entlang, was weniger angenehm ist, doch bald zweigt der Radweg wieder ab.

Wir fahren durch den Großen Filz, ein Moorgebiet, geradeaus bis **Bayernniederhofen**. Der kraftvolle Turm der Kirche **St. Michael** ist schon von weitem zu sehen. Der Innenraum ist geprägt von einem sehr qualitätsvoll stuckiertem Rankenwerk, das sich auf dem rosafarbenen Grund zart abhebt.

An der Querstraße angelangt, biegen wir links in den Ort ein. Im Weiler *Berghof*, der sich an Bayerniederhofen anschließt, folgen wir halblinks der Beschilderung *Kgl. Bay. Radweg* nach Greith. Wir erreichen wieder die große Straße, fahren auf dieser nach links, an den Gehöften von *Pfefferbichl* vorbei und biegen danach links ab nach **Greith**. Hier stoßen wir auf den *Forggensee-Radweg*, dem wir bis Füssen folgen (Beschreibung s. Tour 27).

Radverleih
Füssen: Bahnhof, Tel. (0 83 62) 63 13; Rad Zacherl Tel. 32 92; Jetis Mountainbike-Shop, Tel. 7 38 88.

Übernachtungen unterwegs
Schwangau: Hotel Weinbauer, Tel. (0 83 62) 9 86-0 (mittel); Hotel Neuschwanstein, Tel. 82 09 (günstig).

Einkehrmöglichkeiten
Zahlreiche Gaststätten in Schwangau, Bayerniederhofen und Waltenhausen.

Öffnungszeiten
Schloß Hohenschwangau: 1. Apr – 30. Sept 8.30 – 17.30 Uhr, 1. Okt – 31. März 10 – 16 Uhr.
Schloß Neuschwanstein: 1. Apr – 30 Sept 9 – 17.30 Uhr, 1. Okt – 31. März 10 – 16 Uhr.

Auskunft
D-87629 Füssen: Kurverwaltung, Kaiser-Maximilian-Platz 1, Tel. (0 83 62) 74 58. D-87645 Schwangau: Kurverwaltung, Münchener Straße 2, Tel. (0 83 62) 81 98-0.

Landkarten
Topographische Karte L 10, Füssen und Umgebung, 1 : 50 000.

29 Zur Rokokokirche in Seeg

Füssen – Hopfen am Hopfensee – Hopferau – Seeg

Ausgangsort
Füssen, Residenz.

Zielpunkt
Seeg, Gästeamt.

Gesamttourenlänge
21 km, davon 19 km Asphalt, 2 km Kiesweg.

Zeitbedarf
2 Std. Fahren. 2 Stunden Besichtigen. 1 Std. Alpenpanorama am Hopfensee genießen!

Etappen
Füssen – Hopfen 7 km; Hopfen – Hopferau 7 km; Hopferau – Seeg 7 km.

Steigungen
Hinter Hopferau Anstieg bis nach Unteregg; nach Seeg hinauf ebenfalls Steigungen.

Geländestruktur
Am Anfang eben, dann hügelig.

Sehenswertes
Füssen: s. Tour 27. Hopfen: Pfarrkirche (Fresken 15. Jh.). *Hopferau*: Kirche, Landschloß. *Seeg*: St. Ulrich (sehr stimmungsvolle Rokokokirche).

Zu beachten
Viel Ausflugsverkehr in Hopfen am See.

Varianten
Nach dem Ortsende von Hopfen rechts hoch und dann links nach Unteregg. Abstecher hinauf zur Alpe Beichelstein, einem beliebten Ausflugsziel.

Eines der beeindruckendsten Alpenpanoramen im ganzen Allgäu bietet sich Genußradlern auf dieser Tour. Im Vordergrund liegt der sehr blaue, malerische Hopfensee, dahinter türmen sich die Berge auf, und auch Schloß Neuschwanstein ist gut zu sehen.

Von der Residenz in **Füssen** fahren wir vor dem Lech unter der Lechbrücke hindurch und anschließend entlang des Lechs. Nachdem wir die B 17 unterquert haben, biegen wir links ab und radeln an den Sportanlagen vorbei bis vor das Kurhaus, wo wir uns nach rechts wenden und die *Weidachstraße* bis zum *Forggensee* entlangfahren. Kurz nach dem Seerestaurant erreichen wir mit einer Linkskurve die vielbefahrene B 16. Diese überqueren wir (mit Vorsicht!), fahren ca. 200 m nach links und biegen dann rechts ab (Ww. Hopfensee).
Wir könnten auf einem Radweg direkt bis nach **Hopfen** fahren – alternativ biegen wir beim Schild Eschach links hinunter in einen Kiesweg ein. Dieser führt uns durch ein schon leicht moorige Gebiet in den Wald. Hier biegen wir gleich nach dem Waldanfang rechts ab und gelangen auf einer Birkenallee zum See. Wir stoßen auf die Uferpromenade, die Fußgängern vorbehalten ist, und verhalten uns entsprechend. Am Campingplatz vorbei gelangen wir wieder auf die befahrene Straße kurz vor Hopfen. In der schön stuckierten **Kirche** finden sich noch Freskenreste aus dem 15. Jh., darunter eine lebhafte Darstellung des Drachenkampfs des Heiligen Georg an der südlichen Langhauswand.
Der **Hopfensee** ist, im Gegensatz zum viel größeren Forggensee, ein natürlich entstandenes Gewässer. Der Blick von der »Riviera des Allgäus« ist wirklich einmalig. Entlang der Uferstraße findet sich ein Café nach dem anderen.
Wir radeln die vielbefahrenen Straße, die durch Hopfen hindurchführt und vom Ausflugsverkehr häufig verstopft ist, mit Umsicht entlang. Etwa 1 km nach dem Ortsende geht bei der Beschilderung *Landschaftsschutzgebiet* schräg nach links ein Kiesweg ab. Auf diesem Weg überqueren wir die Bahnlinie und erreichen

Zur Rokokokirche in Seeg 29

den höher gelegenen Weiler von *Reinertshof.* Von hier hat man einen weiten Blick über den Hopfensee.
Wir halten uns rechts und treffen nach *Hinterberg* auf eine größere Straße. Auf einem Radweg fahren wir rechts hinab nach **Hopferau**. Der Ort fiel Ende des 14. Jh. an die Herren von Freyberg-Eisenberg. Die **Kirche St. Martin und Sebastian** (1504) war früher die Schloßkirche dieses Geschlechts. Hiervon zeugt noch ein fein gearbeiteter Sandsteinepitaph für den 1584 gestorbenen Christoph von Freyberg-Eisenberg. Außerdem sind noch eine Muttergottes (um 1510) und ein gegenüber der Kanzel stehendes Kruzifix bemerkenswert.
Von der stark befahrenen Straße biegen wir an der Kirche rechts in die Schloßstraße ein (Ww: *Heimen*) und fahren am **Schloß** vorbei. Dieses Landschlößchen wurde 1468 erbaut und von Domenico

29 Zur Rokokokirche in Seeg

Von der »Riviera des Allgäus« in Hopfen hat man einen bezaubernden Blick auf den Hopfensee und die Berge.

Quaglio, der auch Hohenschwangau umgestaltete, im 19. Jh. im Stil der Neugotik umgebaut. Gleichwohl nimmt sich das Schloß mit dem Satteldach und den kleinen Erkern sehr idyllisch aus. Nachdem man die Bahnlinie überquert hat, hält man sich rechts Richtung Heimen. Wir durchqueren den kleinen Ort Heimen und orientieren uns an der Beschilderung nach *Seeg*. Nun geht es aufwärts, während man wie von einem hoch gelegenen Balkon weite Panoramablicke auf den Hopfensee und die Berge schweifen lassen kann. Wir erreichen die Häuser von *Unterlangegg* und biegen hier entsprechend der Beschilderung nach Seeg links ab.

Wir fahren am *Gamshof* (Wildpark und Wildspezialitäten) und verschiedenen anderen Höfen vorbei und rollen anschließend in den Talgrund vor Seeg hinunter. Die letzten Meter bis **Seeg** müssen wir

Zur Rokokokirche in Seeg 29

Am höchsten Punkt von Seeg thront die Pfarrkirche St. Ulrich, die weithin sichtbare Mutterkirche mehrerer Pfarreien der Umgebung.

wieder aufwärtsradeln, und wir erreichen die vielbefahrene Haupstraße.
Der Name Seeg geht wahrscheinlich auf die Segge, das Schilfgras zurück, welches sich auch heute noch an den vielen Seen und Weihern der Umgebung findet. Seeg ist eine Urpfarrei und Mutterkirche mehrerer Pfarreien in der Umgebung. Im 13. Jh. kam es an das Hochstift Augsburg und war eine der größten Pfarreien des ganzen Bistums. In Seeg begegnet uns ein Meisterwerk des Rokoko: die Pfarrkirche **St. Ulrich**, auch »kleine Wies« – in Anspielung auf die berühmte Wieskirche bei Steingaden – genannt. Erbaut wurde sie von Johann Jakob Herkomer, die Ausstattung wurde im Rokoko ausgeführt. Das Hauptfresko stammt von Joseph Baptist Enderle (1769) und zeigt die Vision von Papst Pius V. bei der Seeschlacht von Lepanto. Darstellungen dieses bedeutenden Kampfes zwischen Türken und Europäern 1571 finden sich in Kirchen öfters und sind ein Symbol für die Bewahrung des christlichen Abendlandes. Das Chorfresko entstand zwanzig Jahre früher und stellt die Schlacht auf dem Lechfeld gegen die Ungarn (900) dar. Ein weiterer Höhepunkt dieser sehr stimmungsvollen Kirche sind die Kreuzwegstationen, von denen jeweils drei an einem Pilaster zusammengefasst wurden. Wahrscheinlich stammen auch sie von Enderle.

Radverleih
Füssen: Bahnhof, Tel. (0 83 62) 63 13; Rad Zacherl, Tel. 32 92; Jetis Mountainbike-Shop, Tel. 7 38 88.

Übernachtungen unterwegs
Hopfen: Hotel Alpenblick, Tel. (0 83 62) 50 57-0 (gehoben); Gästehäuser Hartung a. See, Tel. 91 54-5 (mittel).

Einkehrmöglichkeiten
Hopfen: zahlreiche Cafés und Gaststätten. *Hopferau*: Gasthof Hirsch mit Landmetzgerei. *Seeg*: Gasthof Hirsch (guter Schweinsbraten und schöner Biergarten).

Öffnungszeiten
Seeg: Heimatmuseum Mi 15–17 u. So 10–12 Uhr.

Auskunft
Füssen: s. Tour 26; D- 87629 Hopfen a. See: Kurverwaltung, Tel. (0 83 62) 74 58. D-87659 Hopferau: Verkehrsamt, Hauptstraße 8, Tel. (0 83 64) 85 48. D-87637 Seeg: Hauptstraße 39, Tel. (0 83 64) 6 42.

Kombinationen
Fortsetzung mit Tour 30 von Seeg nach Nesselwang.

Landkarten
Wanderkarte Blatt 2 Nesselwang/Oy/Wertach, 1 : 35 000, Zumstein Verlag. Topographische Karte L 10, Füssen und Umgebung, 1 : 50 000.

30 Zu den Ruinen von Hohen-Freyberg und Eisenberg

Seeg – Nesselwang – Zell – Speiden – Seeg

Ausgangsort
Seeg, Bahnhof.

Zielpunkt
Seeg, Bahnhof.

Gesamttourenlänge
34 km, davon 30 km Asphalt, 4 km Kiesweg.

Zeitbedarf
2 Std. Fahren. Aufstieg zur Ruine Hohen-Freyberg und Besichtigung 1 Stunde.

Etappen
Seeg – Schwarzenbach 5 km; Schwarzenbach – Nesselwang 10 km; Nesselwang – Hertingen 4 km; Hertingen – Zell 5 km; Zell – Seeg 8 km.

Steigungen
Mehrere Anstiege, so vor Hertingen und hinter Rehbichl zu den Ruinen.

Geländestruktur
Leicht hügelig.

Sehenswertes
Seeg: Rokokokirche St. Ulrich. *Zell*: Ruinen von Hohen-Freyberg und Eisenberg. *Speiden*: Wallfahrtskirche (Rokoko). *Lieben*: Sennerei.

Zu beachten
Am Wochenende starker Ausflugsverkehr in diesem Gebiet.

Varianten
Abstecher von Nesselwang zur Wallfahrtskirche in Maria Rain (2 km, s. auch Tour 25). Abstecher von Rehbichl nach Pfronten-Berg.

Diese Tour führt von Seeg aus rund um die malerischen, weithin sichtbaren Ruinen von Hohen-Freyberg und Eisenberg, zu denen man von verschiedenen Seiten aus aufsteigen kann.

In **Seeg** fahren wir vom Bahnhof heraustretend nach Süden (links), kurz nach oben und dann links in die *Wiesleutner Straße* (Ww. Minigolfanlage). Anschließend orientieren wir uns am Wegweiser *Sportanlage* und fahren links hinunter in den Wiesengrund. Am Fußballplatz biegen wir rechts ab in Richtung Zeil/Enzenstetten. An der folgenden Kreuzung geht es bei den Gehöften geradeaus weiter, danach über die Bahnlinie (Vorsicht: schlechter Bahnübergang) und wir erreichen wieder eine größere Straße. Diese überqueren wir und halten uns geradeaus Richtung Schwarzenbach, ebenso an der nächsten Kreuzung. Etwa 1 km danach biegen wir links ab über den Bach. Nun geht es leicht hoch bis zum Weiler **Schwarzenbach**. Hier ist an der Kapelle schon ein Aufstieg (Wanderweg) zur Ruine Eisenberg (2 Kilometer) möglich.

Auf einem Höhenzug radeln wir ein kleines Sträßchen entlang, beim *Kögelweiher* durch den Wald und danach hinauf nach *Hertingen*, in dem noch mehrere alte Bauernhäuser zu finden sind. Hier fahren wir an der Kapelle im Ort geradeaus weiter. Wir rollen hinunter, radeln an der Querstraße nach links und erreichen bei einem Gewerbegebiet die vielbefahrene B 310. Kurz vor dieser Bundesstraße biegen wir noch vor dem Bach rechts ein und gelangen durch die *Weidachanlagen* in die *Poststraße*, an der sich auch das Kurzentrum von **Nesselwang** befindet. Nach links geht es zur Kirche; am besten läßt man dort sein Rad stehen, denn die B 310, die durch den Ort tost, ist für Radfahrer lebensgefährlich.

Auf dem gleichen Weg radeln wir wieder zurück nach *Hertingen*, sausen hinter dem Ort hinunter, fahren aber bei der Linkskurve, bevor der Weg zum Wald führt, geradeaus weiter in den Kiesweg (Ww. *Pfronten*). Wir stoßen auf eine

Zu den Ruinen von Hohen-Freyberg und Eisenberg 30

asphaltierte Straße, halten uns links und erreichen *Rehbichl*. Dieser kleine Ort gehört bereits zu **Pfronten**, das aus 13 weit verstreuten Gemeinden besteht und sich von hier aus nach Süden erstreckt. Hier kann man einen Abstecher zur Kirche *St. Martin* in Pfronten-Berg unternehmen (Ww. P1 über Kreuzegg nach Meilingen, dann rechts über die Bahnlinie nach Pfronten-Ried; auf dem gleichen Weg zurück).

Wir orientieren uns in Rehbichl an die Beschilderung *Schweinegg*. Nach dem Ort geht es steil hinauf, dann etwas hinunter und bei den ersten Häusern von *Stockach* rechts. Auf dieser breiten Straße radeln wir hoch zum Waldrand (hier Aufstiegsmöglichkeit zu den Ruinen), dann durch den Wald (weitere Aufstiegsmöglichkeit) bis nach **Zell**.
Vor der Kirche befindet sich das *Burgen-*

Auf einem Bergrücken liegen die Ruinen der Burgen von Hohen-Freyberg und Eisenberg, die im Dreißigjährigen Krieg zerstört wurden.

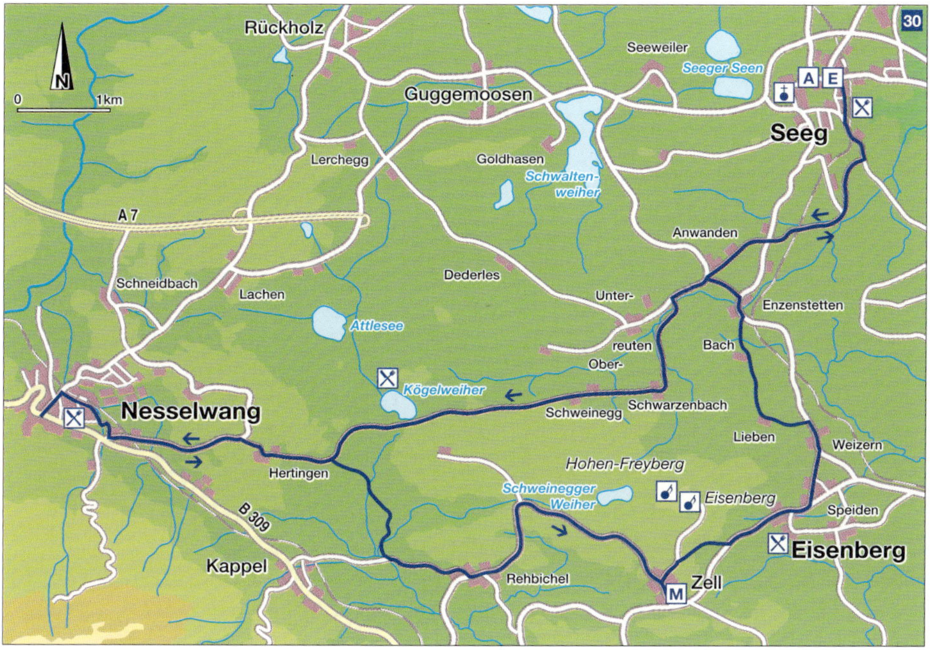

119

30 Zu den Ruinen von Hohen-Freyberg und Eisenberg

Die Rokokokirche in Seeg wird oft als »kleine Wies« bezeichnet. Die prächtige Innenausstattung ist auf jeden Fall einen Besuch wert.

Zu den Ruinen von Hohen-Freyberg und Eisenberg 30

museum, das über die Entstehung und die Geschichte der **Burgruinen Hohen-Freyberg** (1041 m) und **Eisenberg** informiert. Beide Burgen liegen romantisch auf einem Bergrücken und sind nur durch eine kleine Senke voneinander getrennt. Hohen-Freyberg zählt zu den am besten erhaltenen Burgruinen im Allgäu. Beide Burgen gehörten dem Rittergeschlecht von Freyberg. Die ältere Burg Eisenberg (12. Jh.) war Zentrum der Herrschaft Eisenberg, eines Lehens des Klosters in Kempten. Hohen-Freyberg wurde wesentlich später, nämlich erst 1418 – 32, erbaut. Im Dreißigjährigen Krieg wurden die Burgen auf Befehl der Tiroler Landesregierung niedergebrannt, da man befürchtete, daß sich die Schweden darin festsetzen könnten.

Noch vor dem Museum geht es nach links zur Ruine und zur Schloßbergalm in den Burgweg. Wir radeln leicht nach oben und nehmen den ersten Weg rechts hinab nach **Eisenberg**. Gegenüber dem Landgasthof Gockelwirt radeln wir ein kleines Sträßchen hinunter zu dem inmitten von saftigen Wiesen gelegenen **Speiden** mit seiner bedeutenden Kirche. Die **Wallfahrtskirche** St. Maria Hilf ist reich im Stil des Rokoko ausgestattet. Zu den Wallfahrten, die eine der wichtigsten im Allgäu war, kamen im 18. Jh. manchmal mehr als 8000 Gläubige. Herausragend sind die Altäre des Pfrontners Heel von 1732, vor allem der Engelreigen über den Seitenaltären. Südlich steht die Wallfahrtskapelle (1635).

Wir fahren in einem Linksbogen wieder auf die oben gelegene Straße zu, überqueren diese und radeln geradeaus bis zur nächsten Kreuzung, an der es rechts nach *Weizern* geht. Hier kommen wir zu einer vielbefahrenen Straße, auf der wir nach links den Ort durchqueren müssen. Etwa 500 m hinter dem Ort biegen wir links nach *Lieben* ab. Gleich darauf fahren wir direkt an einer Käserei vorbei und durchqueren anschließend die Weiler *Lieben* und *Baumgarten*. Es folgt ein Kiesweg bis nach *Bach*, der dort wieder in einen Teerweg übergeht und auf dem man die vielbefahrene Straße bei *Enzelstetten* erreicht. Hier fahren wir nach links der Kurve entlang und biegen danach links in eine kleinere Straße. An der folgenden, nun schon bekannten Kreuzung wenden wir uns bei den Gehöften nach rechts und radeln auf dem gleichen Weg zurück bis **Seeg**.

Radverleih
Seeg: Tankstelle Kinader, Hauptstraße 25, Tel. (0 83 64) 9 82 80. *Nesselwang*: Hotel Alpenrose, Jupiterstraße 9 Tel. (0 83 61) 9 20 40, Bergsport Martin (nur Mountainbikes), An der Riese 28, Tel. 14 73.

Übernachtungen unterwegs
Seeg: Adler, Tel. (0 83 64) 3 20 (günstig); Cafè Pension Schweiger, Tel. 15 25 (günstig). *Zell*: Burghotel Bären, Tel. (0 83 63) 50 11 (mittel). *Nesselwang*: Brauereigasthof Post (Hausbrauerei), Alpengasthof Hirsch.

Einkehrmöglichkeiten
Nesselwang: zahlreiche Gasthäuser. *Rehbichel*: Café Eschenböck (mit Biergarten und Aussichtsterasse). *Eisenberg*: Landgasthof Gockelwirt.

Öffnungszeiten
Zell: Burgmuseum Eisenberg Sa., So und Fei 13 – 16 Uhr. *Lieben*: Allgäuer Käserei, beste Besichtigungszeiten 9.30 – 10.30 Uhr.

Auskunft
D-87637 Seeg: Hauptstraße 39, Tel. (0 83 64) 6 42. D-87484 Nesselwang: Gästeinformation, Hauptstraße 18, Tel. (0 83 61) 92 30 40. 87637 Eisenberg: Verkehrsamt und Gemeinde, Tel. (0 83 64) 2 40.

Kombinationen
Fortsetzung mit Tour 25 um den Grüntensee.

Landkarten
Topographische Karte L 10, Füssen und Umgebung, 1 : 50 000.

Informationen für Radwanderer

Anreise

Anreise mit der Bahn
Um in das Allgäu zu gelangen, müssen Sie entweder über Stuttgart – Ulm oder Augsburg – München fahren. Sowohl von Augsburg als auch von München aus geht es dann weiter über Buchloe. Hier teilen sich die Linien: nach Lindau oder nach Kempten – Füssen. Generell ist das Allgäu im Zuge des stündlichen Allgäu-Schwaben-Takts und seit letztem Jahr auch des Bayern-Takts ein für Bahnreisende gut erschlossenes Gebiet. Am Wochenende kann es aber aufgrund des starken Andrangs von Wanderern und Radlern durchaus möglich sein, daß man das Rad wegen der überfüllten Züge nicht mehr mitnehmen kann. Oft setzt die DB auch zu wenige Wagen mit Fahrradabteilen ein. In solchen Fällen hilft leider nur eines: zu warten.

Anreise mit dem Auto
- Über Stuttgart (A 8) oder über Würzburg (A 7) nach Ulm und von dort auf der A 7 in Richtung Memmingen – Kempten und weiter nach Füssen.
- Von München über die A 96 über Mindelheim, Memmingen, Leutkirch und Wangen nach Lindau.
- Über die B 17 von Augsburg über Landsberg nach Füssen.

Fahrradverleihbahnhöfe

In dem Gebiet des Allgäus gibt es mehrere Vermietstationen der DB:

Fischen, Tel. (0 83 26) 83 67
Füssen, Tel. (0 83 62) 63 13
Kressbronn, Tel. (0 75 43) 6 02 92
Leutkirch, Tel. (0 75 61) 42 46
Pfronten-Ried, Tel. (0 83 63) 3 86
Wangen, Tel. (0 75 22) 742 11
Informieren Sie sich bitte im voraus über aktuelle Öffnungszeiten und Mietpreise. Von der DB werden Fahrräder mit 3-Gang-Schaltung vermietet. Hierzu brauchen Sie Ihren Personalausweis, und Sie müssen eine Kaution für das Fahrrad hinterlegen, die bis zu DM 250,– pro Tag betragen kann. Die Mietgebühren pro Tag sind von Bahnhof zu Bahnhof unterschiedlich und liegen zwischen DM 6,– und DM 25,– pro Tag.
Die DB hat eine Radfahrer-Hotline eingerichtet unter folgender Telefonnummer: 01 80/3 19 41 94, erreichbar Mo – Fr 8 – 18 Uhr und Sa 8 – 12 Uhr. Sie erhalten Informationen zum Bahn- und Radurlaub, zu Zugverbindungen mit Fahrradmitnahme sowie zu Reservierung, Buchung und Verkauf der notwendigen Fahrscheine.

Feste und Brauchtum

Altusried
Allgäuer Freilichtspiele: meist in fünfjährigem Turnus, nur Laienschauspieler; Funkenfeuer am 1. Fastensonntag Invocavit.

Auerberg
Georgisritt am Sonntag nach dem 23. April, Beginn 10.30 Uhr.

Bad Wurzach
Heilig-Blut-Fest auf dem Gottesberg am Freitag nach Christi Himmelfahrt, Beginn 6.30 Uhr.

Fischen
Funkenfeuer an Invocavit.

Füssen
Fronleichnamsprozession, Beginn 8 Uhr bei der Pfarrkirche St. Mang.

Informationen für Radwanderer

Hindelang
Funkenfeuer an Invocavit; Alpabtrieb je nach Wetter zwischen dem 9. und 11 September; Alphornbläsertreffen Ende September.

Isny
Bogenspringen (altes Kinderfest) am zweiten Wochenende im Juli (Sa – Mo).

Kaufbeuren
Tänzelfest in der letzten Woche vor Ende der Sommerferien; Beginn Fr 14 Uhr.

Kempten
Funkenfeuer an Invocavit.

Leutkirch
Kinderfest vor Beginn der Sommerferien; Beginn Sa 17 Uhr, dauert 4 Tage.

Memmingen
Fischertag in der letzten Woche vor den Sommerferien, meist Mitte Juli; Kinderfest am Do vor den Sommerferien.

Mindelheim
Fastnacht mit großem Umzug. Frundsbergfest alle drei Jahre.

Oberstaufen
Fastnatziestag am Faschingsdienstag. Viehscheid Mitte September.

Oberstdorf
Steinheberwettbewerb, mit 528 Pfund schwerem Stein, Ende Mai oder Anfang Juni. Alpabtrieb 13. und 21. Sept; Wilde-Männle-Tanz, alle 5 Jahre an Sa u. So zwischen Ende Mai und Mitte Sept.

Schöllang
Alpabtrieb am 12. Sept.

Schwangau
Funkenfeuer an Invocavit.

Sonthofen
Egga-Spiel, alle drei Jahre am So vor Faschingsdienstag.

Weiler im Allgäu
Funkenfeuer an Invocavit; Kunsthandwerkermarkt, 2. So im September.

Radfernwege und Radbeschilderung

Beinahe jeder Ort im Allgäu veröffentlicht mittlerweile Tourenvorschläge für seine Umgebung. Erkundigen Sie sich beim jeweiligen Verkehrsamt nach den Tourenverläufen und den dazugehörigen Karten. Ausgeschildert sind die folgenden längeren Radwege:

Allgäu Radweg (grünes Radsymbol mit Schriftzug Allgäu)
Königlich-Bayerischer-Radweg (blaue Krone mit Schriftzug Kgl.-Bay.-Radweg)
Romantische Straße (grünes Radsymbol mit Schriftzug Romantische Straße)
Bodensee-Radweg (blaues Symbol mit Schriftzug Bodensee)
Donau-Bodensee-Radweg (weißer Radfahrer auf blauem Grund)

Unterkunft

Hotels und Pensionen
Im Informationsteil stehen bei den einzelnen Touren Übernachtungsmöglichkeiten für unterwegs. Die Klassifizierung erfolgte in:

»günstig«: bis 40,–/45,– DM,
»mittel«: zwischen DM 45,– und DM 80,–,
»gehoben«: ab DM 80,– pro Person und Nacht.

Natürlich kann es auch günstigere oder teurere Zimmer geben.

Informationen für Radwanderer

Ferienhäuser und Ferien auf dem Bauernhof
Von den örtlichen Verkehrsämtern erhalten Sie Informationen über Ferienhäuser. Reizvoll, gerade für Kinder, sind Ferien auf dem Bauernhof. Hierzu gibt es oft spezielle Broschüren bei den Verkehrsämtern.

Camping
Die meisten Campingplätze finden sich an Seen. In der Hauptsaison sind diese gut belegt, als Radfahrer kommt man trotzdem immer zumindest für eine Nacht unter. Ein Verzeichnis der Campingplätze und weitere Auskünfte sind unter folgender Adresse zu erhalten:
Deutscher Campingclub e. V., München,
Tel. (0 89) 33 40 21.
Folgende Campingplätze gibt es im Allgäu:
Bad Wörishofen: Kur-Campingplatz,
Tel. (0 82 47) 54 46 u. 24 90
Buxheim: Camping am See, Tel. (0 83 31) 7 18 00
Füssen im Königswinkel: Campingplatz Hopfensee, Tel. (0 83 62) 74 31
Hindelang: Oberjoch, Tel. (0 83 24) 71 08.
Immenstadt (Bühl a. Alpsee): Bucher's Campingplatz, Tel. (0 83 23) 77 26
Isny: Waldbad, Tel. (0 75 62) 23 89
Kaufbeuren: Elbsee, Tel. (0 83 43) 2 48
Leutkirch-Friesenhofen: Badsee,
Tel. (0 75 67) 10 26
Lindau-Zech: Tel. (0 83 82) 7 22 36
Lindau-Oberreitnau: Gitzenweiler Hof,
Tel. (0 83 82) 54 57
Nonnenhorn: Josefine Schnell,
Tel. (0 83 82) 85 67
Oberstaufen: Aach, Tel. (0 83 86) 3 63
Oberstdorf: Tel. (0 83 22) 65 25
Pfronten: Familie Schneider, Tel. (0 83 63) 3 77
Rieden (Oberrheinen): Magdalena,
Tel. (0 83 62) 49 31
Rieden-Roßhaupten a. Forggensee: Warsitzka,
Tel. (0 83 67) 12 56
Schwangau: Bannwaldsee, Tel. (0 83 62) 8 10 01
  Ferienplatz E.+E. Schweiger, Tel. (0 83 62) 82 73
Sonthofen: An der Iller, Tel. (0 83 21) 23 50

Weiler-Simmerberg: Alpenblick,
Tel. (0 83 81) 34 47
Wertach: Grüntensee Camping GmbH,
Tel. (0 83 65) 3 75
  Waldesruh, Tel. (0 83 65) 10 04

Jugendherbergen:
Auch für Jugendherbergen empfiehlt sich eine Reservierung, insbesondere in der Hauptsaison.
Jugendherbergen im Allgäu:
Isny Tel. (0 75 62) 25 50
Füssen Tel. (0 83 62) 77 54
Kempten Tel. (08 31) 7 36 63
Lindau Tel. (0 83 82) 9 67 10
Memmingen Tel. (0 83 31) 49 40 87

Wichtige Adressen

Zentrale Anlaufstellen für den Fremdenverkehr im bayerischen Allgäu:

Tourismusverband
Allgäu/Bayerisch Schwaben e. V.
Fuggerstraße 9
D-86150 Augsburg
Tel. (08 21) 3 33 35

Landratsamt Oberallgäu
Oberallgäuer Platz 2
87527 Sonthofen
Tel. (0 83 21) 7 32 36

Landratsamt Unterallgäu
Postfach 1362
87713 Mindelheim
Tel. (0 82 61) 9 95-2 35

Tourismusverband Ostallgäu e. V.
Schwabenstraße 11
D-87616 Marktoberdorf
Tel. (0 83 42) 40 08-45

Informationen für Radwanderer

Touristik-Verband Lindau-Westallgäu
Stiftsplatz 4
D-88131 Lindau
Tel. (0 83 82) 27 01 36

Anlaufstelle für das württembergische Allgäu:

Landesfremdenverkehrsverband Baden-Württemberg
Esslinger Straße 8
D-70182 Stuttgart
Tel. (07 11) 23 85 80

Anlaufstelle für Museen im Bezirk Schwaben:

Fachbereich Heimatpflege
Bezirk Schwaben
Hafnerberg 10
D-86152 Augsburg
Tel. (08 21) 31 01-0

Anlaufstelle für Auskünfte über Alpinismus:

Deutscher Alpenverein e. V.
Praterinsel 5
D-80538 München
Tel. (0 89) 29 49 40

Anlaufstelle für den Bodensee:

Fremdenverkehrsverband Bodensee-Oberschwaben
Schützenstraße 8
D-78462 Konstanz
Tel. (0 75 31) 2 22 32

Karten

Generalkarten
Generalkarten bieten einen ersten Überblick über das Gebiet, sind jedoch wegen des Maßstabes in dieser kleinräumigen Gegend nicht zu empfehlen.

Für die Mitte und den Süden des Allgäus: Generalkarte Deutschland Blatt 22, 1:200 000, Verlag Marco Polo.
Für einen Teil des nördlichen Allgäus: Generalkarte Deutschland Blatt 25, 1:200 000, Verlag Marco Polo.

Radkarten
Für das Allgäu gibt es eine Fülle von speziellen Radkarten. Hinzu kommen noch Broschüren, Faltblätter und Karten, die von den Verkehrsämtern herausgegeben werden.

ADFC-Radtourenkarte Blatt 25, Bodensee/Schwäbische Alb, 1:150 000, BVA.
ADFC-Radtourenkarte Blatt 26, Oberbayern/München, 1:150 000, BVA.
Die ADFC-Karten sind von der Gestaltung her sehr gewöhnungsbedürftig und wegen ihres Maßstabs in den kleinräumigen Gebieten auch nicht so gut geeignet.

Deutsche Radtourenkarte Blatt 33, Hohenzollern/Bodensee, 1:100 000, Haupka Verlag.
Deutsche Radtourenkarte Blatt 34 Lechfeld/Allgäu, 1:100 000, Haupka Verlag.
Die Radtourenkarten des Haupka Verlages haben ebenfalls ein gewöhnungsbedüftige Gestaltung. Bei diesen Karten werden die Straßen farblich nach dem Jahresmittelwert des Verkehrsaufkommen pro Tag unterschieden.

Vom Bayerischen Landesvermessungsamt werden die folgenden topographischen Karten mit Rad- und Wanderwegen herausgeben:
Topographische Karte L 10, Füssen und Umgebung, 1:50 000.
Topographische Karte L 19, Kaufbeuren, Marktoberdorf und Umgebung, 1:50 000.
Toprographische Karte L 17, Kempten und Umgebung, 1:50 000.
Topographische Karte L 8, Allgäuer Alpen, 1:50 000.

Das Landesvermessungsamt in Stuttgart gibt für

Informationen für Radwanderer

die baden-württembergischen Gebiete ähnlich aufgemachte Karten heraus:
Topographische Karte Blatt 24, Bodensee Ost, 1:50 000.
Topographische Karte Blatt 23 Bad Waldsee/Isny, 1:50 000.

Folgende Karten von regionalen Verlagen eignen sich ebenfalls gut zum Radfahren:
Radtourenkarte Landkreis Unterallgäu, 1:75 000, Zumstein Verlag.
Offizielle Wanderkarte Bad Wörishofen, 1:75 000, Tietze Verlag.
Radwanderkarte Ostallgäu, 1:50 000, Zumstein Verlag
Freizeitkarte Unterallgäu mit Radwanderwegen, 1:75 000, Städteverlag Wagner und Mitterhuber.
Rad- und Wanderkarte, Oberschwaben Südblatt, 1:50 000, Regio Cart, RV-Verlag.
Radtouren Freizeitkarte Oberallgäu/Kempten, 1:75 000, Zumstein Verlag.
Landkreis Oberallgäu, Radwege, 1:75 000 Verlag Alfred Beron.
Wanderkarte Blatt 2 Nesselwang/Oy/Wertach, 1:35 000, Zumstein Verlag.
Freizeitkarte mit Wander- und Radwegen Westallgäu-Pfänder-Bodensee, Arge Westallgäu-Pfänder-Bodensee, 1:25 000.

Tip
Kostenlos gibt es bei den Verkehrsämtern die Freizeitkarten vom Städte-Verlag in Fellbach im Maßstab 1:150 000, so für das Ostallgäu, Memmingen, Wangen etc. In diesen Karten sind praktische Stadtpläne enthalten und die Radwege für das jeweilige Gebiet eingezeichnet.

Literatur

Bauer, Herrman/Rupprecht, Bernhard: Bayern südlich der Donau, Herrsching 1984.
Böhme, Henning: Genußradeln am Bodensee, Steiger Verlag, Augsburg, 1996.
Braun, Uli: Die ehemals Freie Reichsstadt Memmingen in neuen Bildern, Maximilian Dietrich Verlag, Memmingen, 2. Auflage, 1989.
Brunner, Herbert/von Reitzenstein, Alexander: Reclams Kunstführer Deutschland I, 1 Bayern Süd und Deutschland II, Baden-Württemberg, Verlag Philipp Reclam jun. Stuttgart, 9. Auflage 1983 u. 8. Auflage 1985.
Dewiel, Lydia L.: Das Allgäu – Städte, Klöster und Wallfahrtskirchen zwischen Bodensee und Lech, DuMont Kunstreiseführer, 5. Auflage, DuMont Buchverlag, Köln 1993.
Ebert, Karlheinz: Bodensee und Oberschwaben, DuMont-Kunstreiseführer, DuMont-Buchverlag Köln, 1981.
Goldberg, Gisela: Staatsgalerie Füssen, Verlag Schnell & Steiner, München und Zürich 1987.
Hacker, Rupert (Hrsg.): Ludwig II. von Bayern in Augenzeugenberichten, dtv, München 1972.
Köcheler, Anton (Hrsg.): Die Gebirgstrachten im oberen Allgäu: ein Streifzug durch die Arbeiten früherer Geschichtsschreiber, Maler, Graphiker und Photographen, Oberstdorf 1991.
Kolb, Aegidius/Kohler Ewald (Hrsg.): Das Landvolk des Allgäus – in seinem Thun und Treiben von Joseph Schelbert 1834–1887, Neuausgabe, Allgäuer Zeitungsverlag, Kempten 1983.
Bildatlas Allgäu Nr. 33, HB Verlags- und Vertriebsges. mbH, Hamburg 1989.
Lager, Adolf: Die Allgäuer Lauten- und Geigenmacher: ein Kapitel schwäbischer Kulturleistung für Europa, Verlag der Schwäbischen Forschungsgemeinschaft, Augsburg 1978.
Linnenkamp, Rolf: Die Schösser und Projekte Ludwigs II., Wilhelm Heyne Verlag, München 1986
Merian, Allgäu, Hamburg 1983.
Merkt, Otto: Burgen, Schanzen und Galgen im Allgäu: das kleine Allgäuer Burgenbuch, Verlag für Heimatpflege, Kempten 1985.
Nowotny, Peter: Alpwirtschaft: die Entstehung unserer Kulturlandschaft im Alpenraum, Verlag für Heimatpflege, Kempten 1991.
Oldenbourg, Rudolf: Die Münchner Malerei im 19. Jahrhundert. 2 Bde., neu hrsg. von Eberhard

Informationen für Radwanderer

Ruhmer, Bruckmann Verlag, München 1983.
Petz, Wolfgang (Hrsg.): Funkenhex´ und Wilde Männle: Allgäuer Brauchtum im Jahreskreis, Verlag für Heimatpflege, Kempten 1991.
Reiser, Karl (Hrsg.): Sagen, Gebräuche und Sprichwörter des Allgäus, Nachdruck der Ausgabe Kempten 1895-1902, 2 Bde., Hildesheim/ New York 1979.
Riedmüller, Kornelius: Allgäu/Bayerisch-Schwaben, Polyglott-Verlag München 1993.
Sayn-Wittgenstein, Prinz Franz zu: Schlösser in Bayern. Residenzen und Landsitze in Altbayern und Schwaben, Verlag C. H. Beck, München 1984.
Schindler, Herbert: Große Bayerische Kunstgeschichte, München 1976.

Tip
Zu den einzelnen Kirchen und Klöstern sind die meist dort ausliegenden Kunst- und Kirchenführer des Verlags Schnell und Steiner, München, sehr hilfreich.

3	Tourennummer		Kapelle
A	Anfangspunkt	**P**	Parkplatz
E	Endpunkt		Aussichtspunkt
	Kirche		Campingplatz
H	Schloß		Bahnhof
	Einkehrmöglichkeit	△	Gipfel
	Bademöglichkeit		Aussichtsturm
M	Museum		Kirchenruine
	spezieller Tierbestand		Klosterruine
	Ruine		Jugendherberge
	Kloster	★	Sehenswürdigkeit

Ortsregister

Halbfette Ziffern verweisen auf ausführlichere Erwähnungen des Ortes, kursive auf Abbildungen.

Alpsee **72**
Alpsee *8*
Altensteig 31
Altusried **85**, 87
Amtzell 64
Apfeltrach **25**, 26
Aschthal 34
Auerberg 101

Bad Oberdorf **95**
Bad Wörishofen **29f**
Bad Wurzach 54, **55**, 57
Balzhofen 68
Bannwaldsee 113
Baumgarten 121

Bayerniederhofen 113
Beisweil 33
Benningen 21
Berg 47
Berghofen **93**
Beuren 49
Beutelsau 58
Birgsau 75
Bittenau 25
Blöckzach 34
Bodensee 12
Böhen 22
Brunnen 108
Buchenberg 90
Buchenbrunn 25
Buflings 70
Bugsach-Hart 89
Burgratz 82
Busenhaus 47
Buxheim (Kartause) **20**

Degersee 47
Dickenreishausen 19
Dietmanns 56
Dietringen 108
Diezlings 44
Dirlewang 25

Ebersberg 88
Eggatsweiler 47
Eggenthal *32*, **34**
Eglofs **36**
Eglofstal 67
Eisenberg 121,
Eisenharz 35
Elitz 38
Ellerazhofer Weiher 60
Ellhofen **66**
Enzelstetten 121
Enzers 19
Ermengerst 90
Eutenhausen **26**

Fellhornbahn 75
Ferthofen 20
Fischen 78
Forggensee *102*, *107*, **107**,
Freibergsee 75f
Freßlesreute 101
Friesenried 34
Füssen *101*, 103, **104ff**, *105*, 108f, 114

Genhofen **70**, *70*
Gernbach 25
Gestratz **67**
Gospoldshofen 54
Graben 82
Greith 108, 113
Großholzleute **90f**
Großkemnat **32**

127

Ortsregister

Grund 61
Grund 92
Grünten *77*,
Grüntensee 99
Gschwend 99
Gwiggen 44

Haitzen 22
Haldenwang **22f**,
Happareute 67
Hartental 31
Haslach 60
Haslach 96
Haubach 50
Hawangen 21
Heggelbach 60
Hegratsrieder See 108
Heiligkreuz **86**
Hellengerst 90
Hergensweiler **39**
Herlazhofen 49
Herrot 60
Hertingen 118
Hindelang **95**
Hinteratzhofen 89
Hinterstaufen 71
Hofen **90**
Hohen-Freyberg *119*, 121
Hohenschwangau **109ff**, *112*,
Holzmühleweiher 64
Hopfen **114**
Hopfensee 114, 116
Hopferau **115f**,
Hörbolz 47
Hörbranz 44
Hub 82

Illerbeuren (Schwäbisches Bauerhofmuseum) **19**, *20*, 89
Illerdurchbruch 87
Immenstadt 72, **79**, 80
Immenstadt 93
Irsee *33*, **33**
Isny **35**, 50
Isny 92, *92*
Isringen 29

Kalden (Burgruine) 87
Kaltsbronn 88
Kardorf 19
Kardorf 89
Katzbruimühle *25*, **26**,
Kaufbeuren **32**, 34
Kebach 60
Kempten 23
Kempten 23, *81*, *82*, **83f**, 86, 90
Kißlegg 58, **60**, 61
Klausenmühle 90
Kleiner Alpsee 72
Knechtenhofen **71**
Kögelweiher 118
Kollerbach 86
Kressbronn 46
Krugzell **84**

Legnau 88
Leubas 23
Leupholz 23
Leutenhofen 44
Leutkirch **48**, 51, 60
Lieben 121
Lindau *39*, 41, 44, **45**, 47
Lindau-Zech 41, 44,
Lindenberg **42**,
Luppmanns 64

Malleichen 67
Maria Steinbach *87*, 88
Maria-Rain **96f**
Mariaberg 90
Marktoberdorf **100**,
Martinszell **80**
Mattsies **27f**,
Matzenweiler 61
Memmingen **18**, 20, 21, 89
Menelzhofen 50
Menslings 60
Mindelau 31
Mindelburg **24**, *29*
Mindelheim **24**, 26, *26*, 27, 31
Mittelhofen 68
Möggers 43
Mosisgreut 64
Mussenhausen **26**

Nagelshub 68
Nassenbeuren **27**, *30*,
Nesselwang 118

Nesselwang **97**, *98*
Neumühle 87
Neuschwanstein **111f**, *111*
Neutrauchburg **50**
Niederwangen 64

Oberschmitten 66
Oberstaufen 70f
Oberstdorf **73f**, *74*, 76
Oberthalhofen 69
Ölstauden 86
Oppenried 33
Öschle 82
Ottobeuren **21**, *22*, *23*

Pfronten 119
Rauenbichl 108
Reckenberg 95
Rehbichl 119

Reichenbach **77**, *78*
Ried b. Ottacker 81
Rieden 103, 107
Rieden 78
Riedhöfe 57
Roßhaupten 102, 108
Röthenbach 66
Rubi 77
Ruine Fluhenstein **94**
Rutzhofen 68

Salzstraße **68**
Saulengrein 26
Scheidegg 42
Schleinsee 47
Schloß Kronburg *19*, **19**
Schöllang (Burgkirche) **78**
Schomburg 64
Schwarzenbach 118
Schweinegg 119
Seeg *117*, **117**, 118, *120*, 121
Seltmanns 90
Simmerberg 68
Sondert 80
Sonthofen **78**
Sonthofen **93f**
Speiden **121**
St. Mang 82
Starkenhofen 52

Steinbach 101
Steingaden 67
Stiefenhofen 68
Stötten **100**
Syrgenstein (Schloß) **67**

Thalkirchendorf 71
Thingers 90
Thumen 39
Tiefenbach 94
Treblings 72
Türkheim **28f**

Unteregg 25
Untergammenried **31**
Untermooweiler 39
Unterrammingen **28**
Unterschwarzach 56
Unterthalhofen 69
Unterzeil 51
Ussenburg 103

Vogt 64
Vorderhindelang 94

Walchs 26
Waldsee 42
Wallfahrtskirche
St. Koloman **113**
Waltenhausen 108f
Wangen 37, **38**, *41*, 58, 64
Wasserburg *46*, **46**,
Weienried 43, *44*
Weiler i. Allgäu **65**, 67f
Weipoldshofen 60
Weitnau **90**
Weizern 121
Wengen 57
Wertach 96, 99
Widdum 80
Wiedemannsdorf 71
Winnies 49
Wolfegg **61**, *64*
Wolfen 86
Wurzacher Ried **55**, *56*

Zeil (Schloß) **51**, *54*
Zell 119
Zell **70**
Ziegelstadel 92
Ziegolz 57